Helga Lederer

Sauerkraut Powerkraut

Gesund genießen

Helga Lederer

Sauerkraut Powerkraut

Gesund genießen

EDITION XXL

Aufbau der Rezepte

Aufbau der Rezepte

Die Rezepte sind, wenn nicht anders angegeben, für 4 Personen berechnet.
Die Zutaten sind in der Reihenfolge der Verwendung aufgelistet.
Die erstklassige Qualität der Zutaten ist eine Grundvoraussetzung für gutes Gelingen.
Frische Kräuter und Gewürze tragen zur geschmacklichen Steigerung der Gerichte bei.

Abkürzungen der Maßeinheiten

1 TL = 1 Teelöffel
1 EL = 1 Esslöffel
1 Tasse = ca. 1/8 l = 125 ml
1 Msp. = 1 Messerspitze
1 gestr. = 1 gestrichener
1 Weinglas = ca. 1/8 l = 125 ml
1 Schnapsglas = ca. 2 cl = 20 ml

Brat- und Backtemperaturen

E-Herd	Gas-Herd
160° C	Stufe 1
180° C	Stufe 2
200° C	Stufe 3
220° C	Stufe 4
240° C	Stufe 5

Inhalt

Sauerkraut – historisch und heute

Das Einsäuern von Weißkohl war bereits zu Zeiten des griechischen Arztes Hippokrates, dem Begründer der wissenschaftlichen Medizin, im 4. Jahrhundert v. Chr. bekannt. Sowohl griechische als auch römische Ärzte und Naturheilkundler sammelten schon damals Erkenntnisse über die Heilkräfte von frischem und gesäuertem Kohl. Beides galt in der Antike eher als Heil- denn als Nahrungsmittel.

In Deutschland nahmen sich im ausgehenden Mittelalter als erste die Mönche der Sauerkrautbereitung an. Um den Kohl, den sie in ihren Klostergärten anbauten, für die Wintermonate - vor allem für Fastenzeiten - haltbar zu machen, stampften sie die gehobelten Kohlköpfe mit Salz in großen Holzfässern ein und verschlossen diese fest. Aus der Überlieferung wussten sie, dass das Ergebnis nicht etwa salziger, sondern gesäuerter Kohl, also Sauerkraut, war.

Nach landläufiger Meinung ist Sauerkraut typisch deutsch und die Deutschen werden oft als die „German Krauts" bezeichnet, trotzdem ist das Sauerkraut keine deutsche Erfindung. Die Deutschen liegen aber weltweit an der Spitze des Sauerkraut-Verzehrs pro Kopf mit 1,5–2 kg jährlich.

Sauerkraut kennt man in Deutschland schon seit dem Mittelalter, seit Ende des vorigen Jahrhunderts wird es industriell hergestellt. Wie so oft lassen sich auch die Ursprünge des Sauerkrautes nicht eindeutig klären. Die Elsässer, die von den Normannen abstammen, stellen eine Hochburg des Sauerkrauts dar. Sie servierten das Nationalgericht schon früh mit Speck und Würsten. Eine kulinarische Reise ganz besonderer Art können Sie entlang der „Route de la choucroute" durch das Elsass machen und so ungewöhnliche Kompositionen wie Fisch oder Meeresfrüchte zu Sauerkraut probieren. Auf den Speisekarten im Elsass steht das Sauerkraut an erster Stelle unter „Sürkrit" oder „Choucroute alsacienne". Bereits im 15. Jahrhundert findet das Sauerkraut erstmals als „Gumbostkrut" seine namentliche Erwähnung.

Umstritten ist bis heute, welches Volk das Sauerkraut zum ersten Mal auf seinen Speiseplan setzte. Bekannt ist, dass bereits die Chinesen, die Tataren, aber auch die Römer und Griechen das Sauerkraut kannten und schätzten. Die natürliche Säuerung gilt als eines der ältesten und schonendsten Konservierungsverfahren für Gemüse. Die ersten schriftlichen Überlieferungen über das Einlegen von Kohl in Ölkrügen stammen aus dem antiken Rom. Sowohl dort als auch bei den „alten" Griechen nahm der Kohl eine wichtige Stellung unter den Arzneipflanzen ein. Der weltberühmte Chirurg Ferdinand Sauerbruch beobachtete, dass Operationswunden sehr viel besser verheilten, wenn die Patienten viel Sauerkraut aßen. Sebastian Kneipp empfahl Sauerkraut schon bei Blutarmut, Nervenschwäche und Magen-Darm-Erkrankungen.

In Asien hat die Konservierung von Gemüse mit Milchsäure eine lange Tradition. So sollen Bauarbeiter, die im 3. Jahrhundert v. Chr. die Chinesische Mauer bauten, zum täglichen Reis reichlich sauren Kohl bekommen haben. Die Mongolen und Tataren brachten den sauren Kohl schließlich nach Europa.

In der koreanischen Küche ist heute noch Kim-Chi, das ostasiatische Sauerkraut, ausgesprochen populär, es darf bei keiner Hauptmahlzeit fehlen. Vielleicht liegt es an Kim-Chi, dass Koreaner sehr viel seltener an Dickdarmkrebs leiden als Europäer.
Sauerkraut ist Powerkraut, eine Vielzahl an wertvollen Inhaltsstoffen und ein niedriger Kaloriengehalt machen Sauerkraut also zu einem wertvollen Bestandteil der täglichen Ernährung.
Der Kreis von der Heilkunde der Antike zu unserer heutigen Ernährungswissenschaft schließt sich in der aktuellen Empfehlung der Experten, wieder verstärkt pflanzliche Lebensmittel in den Ernährungsplan mit aufzunehmen und damit auch den so genannten Zivilisationskrankheiten vorzubeugen. Machen Sie doch einfach mal eine Vital-Sauerkraut-Kur für den Herbst oder fasten Sie mit der Frühjahrs-3-Tage-Kur. Längst hat das ehemals als „deftige Hausmannskost" verrufene Gemüse seinen Einzug in die Gourmetküchen der Welt gehalten. Das berühmte „Sauerkraut mit Rippchen" gilt heute als einfache Variante einer wesentlich vielfältigeren Kochkultur. Sauerkraut passt hervorragend in die moderne, leichte Küche, da es ernährungsphysiologisch wertvoll ist und wenig Kalorien enthält. Es ist nicht zuletzt deswegen so vielseitig verwendbar, weil es durch verschiedene Zutaten geschmacklich immer wieder neu kombiniert werden kann. Gourmets schwören übrigens auf Bio-Frischkost-Sauerkraut aus dem Reformhaus, weil es sehr vitaminreich ist und ein besonders feinsäuerliches Aroma hat.
Sauerkraut ist ein wahrer Tausendsassa in der modernen und kreativen Küche, da es sich vielfältig kombinieren lässt z. B. mit Gewürzen, Kräutern, Gemüse, Zucker, Wein, Äpfeln, Trauben, Ananas usw. Es eignet sich ebenso für pikante Salate, Rohkost, Eintöpfe, Aufläufe, Suppen, Gratins bis hin zum Feinschmeckermenü. Der Fantasie sind keine Grenzen gesetzt.
Zaubern Sie doch einfach mal mit Sauerkraut, probieren Sie es aus.

Viel Spaß beim Nachkochen und
guten Appetit wünscht Ihnen
Ihre Helga Lederer.

Bunte Kohlpalette

Weißkohl – Weißkraut
(Brassica oleracea convar. capitata var. capitata f. alba)

Weißkohlsorten die im Frühjahr, Frühsommer, Herbst und als Winterkohl geerntet werden.

Der Weißkohl gehört zu den beliebtesten Kohlarten in Deutschland. Botanisch ist er der Familie der Kreuzblütler zugeordnet. Die meisten Kohlarten stammen von der Wildform der „Brassica oleracea var." ab, die in Kleinasien und im Mittelmeerraum beheimatet ist. Deutschland gehört mit zu den führenden Anbaugebieten neben Frankreich, Holland, China und Polen. Die Blätter des Weißkohls sind weiß-grün und haben eine feine Wachsschicht, die sie leicht glänzen lässt. Die Blätter des Kohls, die eine Kopfform bilden, können rund, hochrund, flach, platt, spitzför mig, eierförmig oder ballonförmig sein. Es gibt

Der Kohl zählt zu den artenreichsten Gemüsesorten. Der Weißkohl, auch Kappes, Kabis oder Weißkraut genannt, bildet kompakte Köpfe und wird von Herbst bis Frühling preiswert angeboten. Zur Familie der Kohlgemüse gehören: Weiß-, Spitz-, Grün-, Rot-, Chinakohl und Wirsing, ferner Blumen-, Rosenkohl, Kohlrabi und Brokkoli. Da Kohl besonders lange lagerfähig ist, können wir ihn das ganze Jahr über im Handel kaufen, Kohl gilt traditionsgemäß als typisches Herbst- und Wintergemüse - vor allem Weiß-, Rot- und Grünkohl. Grün- und Rosenkohl schmecken sogar am besten, wenn sie erst nach dem ersten Frost

Der Kohl und seine Partner

geerntet werden. Der Kohl ist preiswert, haltbar, reich an wertvollen Inhaltsstoffen, mit wenig Kalorien, in der Küche vielseitig verwendbar und sehr wohlschmeckend.

Die Kohlpalette
Zu den großen Kopfkohlarten gehören Weißkohl, Rotkohl und Wirsing.

Der Weißkohl oder das Weißkraut gilt als urdeutsches Gemüse. Die wichtigsten deutschen Anbaugebiete sind: Schleswig-Holstein, am Niederrhein, im Raum um Fritzlar (Hessen), in den Fildergemeinden südöstlich von Stuttgart, in Niederbayern, Thüringen und auf Rügen. Der Weißkohl ist gut lagerfähig, verträgt viel Feuchtigkeit und ist das ganze Jahr über zu kaufen. Er hält sich je nach Sorte über mehrere Wochen oder auch Monate frisch. Weißkohl ist sättigend und mit nur 17 kcal pro 100 g ein kalorienarmes Essen. Frisch gepresster Kohlsaft wirkt nervenberuhigend und hilft vor allem bei Darm- und Magenbeschwerden sowie bei hartnäckigen Geschwüren.

Der Rotkohl oder das Blau- oder Rotkraut hat wie der Weißkohl feste, runde Köpfe und ist besonders reich an Kalium und Eisen, er eignet sich für die Zubereitung von Gemüse, Aufläufen und Eintöpfen.

Der Grünkohl ist ein robustes vitaminreiches Gemüse und wird auch als „Winterkohl" bezeichnet. Er ist besonders geschmackvoll und bekömmlich, wenn

er nach dem ersten Frost geerntet wird. Grünkohl hat einen hohen Kaliumgehalt und beugt damit einer Übersäuerung des Körpers vor. Er hat besonders viele Vitamine und Mineralstoffe. Grünkohl ist ein wichtiger Lieferant von Provitamin A und Vitamin C.

Der Spitzkohl hat einen sehr feinen Geschmack. Er ist besonders zart, edel und fein. Der Spitzkohl wird als Delikatesse sehr geschätzt, er ist eine hochwertige Weißkohlsorte mit spitz zulaufendem, fast kegelför-

migem Kopf, die grünen großen Blätter sind locker zusammengefügt.

Der Wirsing wird auch als Savoyerkohl bezeichnet. Er hat gekrauste, gewellte grüne Blätter, die locker aufeinander liegen. Der Wirsing wird fast immer gekocht oder gedünstet serviert, in feine Streifen geschnitten kann er auch auf Salatplatten angerichtet werden. Der Wirsing hat einen arttypischen kräftigen Kohlgeschmack, aber ein mildes Aroma.

Der Chinakohl ist der Favorit der Chinesen. Er ist mit den deutschen Kohlarten nicht direkt verwandt, sondern eine Kreuzung aus Speiserübe und Pak-Choi. Er eignet sich für warme Gerichte und roh als Salat. Chinakohl sollte nur kurz blanchiert oder angedünstet werden, damit er noch Biss hat. Aus Chinakohl machen die Koreaner „Kim-Chi", das Sauergemüse.

Bunte Kohlpalette

Der Pak-Choi ist ein Importgemüse aus Fernost. Aussehen und Geschmack erinnern an Mangold. Pak-Choi ist schon nach 50-60 Tagen erntereif. In Asien wird er roh und kurz gegart serviert oder wie bei uns der Weißkohl traditionell sauer eingelegt.

Der Blumenkohl wird wegen seines zarten

Aromas und seiner Bekömmlichkeit als Gemüse, Krankennahrung und leichte Schonkost sehr geschätzt. Blumenkohl schmeckt roh oder leicht blanchiert als Salat und Gemüse. Er sollte nur kurz gedämpft, nicht verkocht werden, da er sonst seifig schmeckt. Mit etwas Zitronensaft im Kochwasser bleibt der Kopf schön weiß.

Der Brokkoli ist ein naher Verwandter des Blumenkohls und ein sehr schmackhaftes Gemüse. Wie beim Blumenkohl sind nicht die Blätter, sondern

die Blütenstände und die fleischigen Stiele die essbaren Teile. Sie sind dunkelgrün bis bläulich, da sie im Gegensatz zum Blumenkohl voll dem Licht ausgesetzt sind. Brokkoli enthält viel Chlorophyll, Magnesium, Eisen, Kalium und besonders das Provitamin A machen Brokkoli zu einem wertvollen Gemüse.

Der Rosenkohl ist ein eher junges Gemüse und wurde erst Ende des 16. Jahrhunderts in Belgien kultiviert. Rosenkohl ist der nächste Verwandte vom Wirsing. Die zierlichen Triebknospen haben einen geringen Wassergehalt und einen würzigen Kohlgeschmack. Je grüner die Röschen, desto mehr Nährstoffe besitzen sie. Der Rosenkohl hat eine hohe

Der Kohl und seine Partner

Konzentration an Thiamin (Vitamin B_1) und Folsäure, die eine gute Nervennahrung sind. Rosenkohl sollte

nicht zu weich und matschig gekocht werden, knackig schmeckt er besser.

Der Kohlrabi zählt auch zu den Kohlgemüsearten. Er hat einen feinen, süßlichen bis nussartigen

Geschmack. Man sollte den Kohlrabi immer frisch, roh geraspelt oder gedünstet als Gemüse essen. Die Herzblätter haben viele Nährstoffe und sollten deshalb mitgegessen werden.

Für Sauerkraut wird der Weißkohl nach alten überlieferten Rezepten in dünne Streifen gehobelt, gesalzen und so lange gestampft, bis das Kraut im eigenen Saft steht. Danach wird er mit einem feuchten Tuch abgedeckt und beschwert. Nach wenigen Tagen kühler Lagerung wird durch einen chemischen Prozess, die Milchsäuregärung, der Kohl zu einem leicht verdaulichen, gesunden und nährstoffreichen Gemüse. Besonders wichtig ist das Sauerkraut für Veganer, da sich durch die Lagerung das Vitamin Cobalamin entwickelt. Cobalamin kommt sonst nur in tierischen Produkten vor, welche die Veganer nicht essen.
In England heißt der Weißkohl „white cabbage" und in Frankreich „chou blanc". Der in Ostasien als „White cabbage sprout" bezeichnete Weißkohl bleibt durch das warme Klima sehr klein, wird aber schneller reif.

Saison-Kalender für Kohl

Erntezeit:	**Mai – Februar**
Blumenkohl:	**Juni – November**
Brokkoli:	**Juni – November**
Chinakohl:	**September – November**
Grünkohl:	**November – Februar**
Kohlrabi:	**Juni – November**
Rosenkohl:	**Juni – Februar**
Rotkohl:	**Juli – November**
Weißkohl:	**Mai – November**
Wirsing:	**Mai – November**

Anbau und Ernte

Die optimalen Wachstumsbedingungen für Weißkohl bieten Bodenbeschaffenheit und Kleinklima der deutschen Hauptanbaugebiete in Schleswig-Holstein, am Niederrhein, im Raum um Fritzlar (Hessen), in den Fildergemeinden südöstlich von Stuttgart, in Niederbayern, Thüringen und auf Rügen. Nur bestimmte Weißkohlsorten sind für die Sauerkrautverarbeitung geeignet. Entscheidend sind neben Kopfgröße, -farbe und -konsistenz auch Strunkanteil, Aroma sowie Fruchtzucker- und Vitamin-C-Gehalt.

Rund 40 Millionen Weißkohlköpfe ernten die Bauern im Jahr. Das sind 218.000 Tonnen, die jährlich in Deutschland zu Sauerkraut verarbeitet werden.

Wissenswertes rund um den Kohl

Der überwiegende Teil der Weißkohlköpfe für die industrielle Verarbeitung wird in Deutschland angebaut, rund 200.000 Tonnen. Die Kohlköpfe müssen hell und fest sein sowie ein Gewicht zwischen 4 und 7 kg haben.

Die Kohlköpfe werden auf dem Feld per Hand geerntet und sogleich von den Umblättern befreit, eventuell geputzt und verarbeitungsfertig in die Fabrik geliefert.

Wissenswertes rund um den Kohl

Die Verarbeitung

Nach dem Putzen wird aus dem Kohl der holzige Teil des Strunkes herausgebohrt und der Kopf in Streifen geschnitten. Die kraft- und zeitaufwendige Verarbeitung der Kohlköpfe zu Schnitzeln erledigen heutzutage Maschinen. Über Förderbänder gelangt das geschnittene Kraut in die Gärbehälter, die 6 Tonnen und mehr fassen. Hier wird das mit 0,8-1,8 Prozent Kochsalz vermischte Weißkraut unter Druck gesetzt. Durch Pressung und Kochsalz tritt aus den Kohlschnitzeln der Zellsaft aus, die sich sammelnde Lake wird dann abgepumpt. Der Druck verdrängt die Luft aus dem Gärbehälter und bildet den Nährboden für die Milchsäurebakterien, die unter Freisetzung von Kohlensäure den Fruchtzucker im Weißkraut in Milchsäure umwandeln. Schädliche Keime überleben diesen biologischen Säuerungsprozess nicht.
Bei Luftabschluss vollzieht sich der Gärprozess, der im Prinzip noch genauso abläuft wie früher, allerdings mithilfe perfekter, modernster Technik. Jetzt beginnt der natürliche Gärprozess, der aus Weißkohl Sauerkraut macht. Er dauert 6 Tage bis 3 Wochen, je nach gewünschtem Säuregrad. Durch kurzes Erhitzen auf etwa 80° C („Blanchieren") ist der Gärprozess beendet - die Aktivität der Milchsäurebakterien wird gestoppt. So können Aroma und Bekömmlichkeit gesteuert werden. Nach dem Abfüllen in Dosen, Gläser oder Beutel aus Verbundfolie wird das Sauerkraut bei 75-90° C ohne Zusatz von Konservierungsmitteln haltbar gemacht (pasteurisiert).

In Dosen und Gläsern hält es sich 4 Jahre, in Beuteln aus Verbundfolie 18 Monate. Frischsauerkraut mit noch lebenden Milchsäurebakterien und niedrigem Säuregehalt, das nicht erhitzt wurde, ist besonders bekömmlich. Es wird lose, in Beuteln oder Bechern verkauft und ist zum baldigen Verbrauch innerhalb von 3-4 Wochen bestimmt.

Die Lagerung

Was ist der Unterschied zwischen frisch oder pasteurisiert? Frisches, rohes Sauerkraut wird ohne Hitzebehandlung in Plastikeimer und Klarsichtbeutel abgefüllt. Es verträgt bei 5-12° C und trockener Aufbewahrung Lagerzeiten von 3-4 Wochen in Plastikeimern und bis zu 3 Monaten in transparenten Beuteln aus Verbundfolie.
Um Sauerkraut länger haltbar zu machen, erhitzt man es in einem Blanchierer auf ca. 80° C. Dadurch wird unerwünschte Kohlensäure ausgetrieben und das Produkt aufgelockert. Das Blanchieren bringt Sauerkraut außerdem auf eine hohe Abfülltemperatur, die mit dazu beiträgt, dass beim nachfolgenden Pasteurisieren eine relativ kurze Durchlaufzeit ausreicht, um eine entsprechende Haltbarkeit zu erzielen. Nach dem anschließenden Abfüllen wird das Sauerkraut noch mit Aufgusslake aufgefüllt und verschlossen. Auf dem Weg durch den Pasteurisierer mittels eines Transportbandes wird das Sauerkraut bei einer Temperatur von 75-90° C haltbar gemacht. Lagerzeiten von 48 Monaten bei Dosen und Gläsern und 18 Monaten bei Alubeuteln können so ohne wesentlichen Qualitätsverlust garantiert werden.

Die Herstellung von Sauerkraut

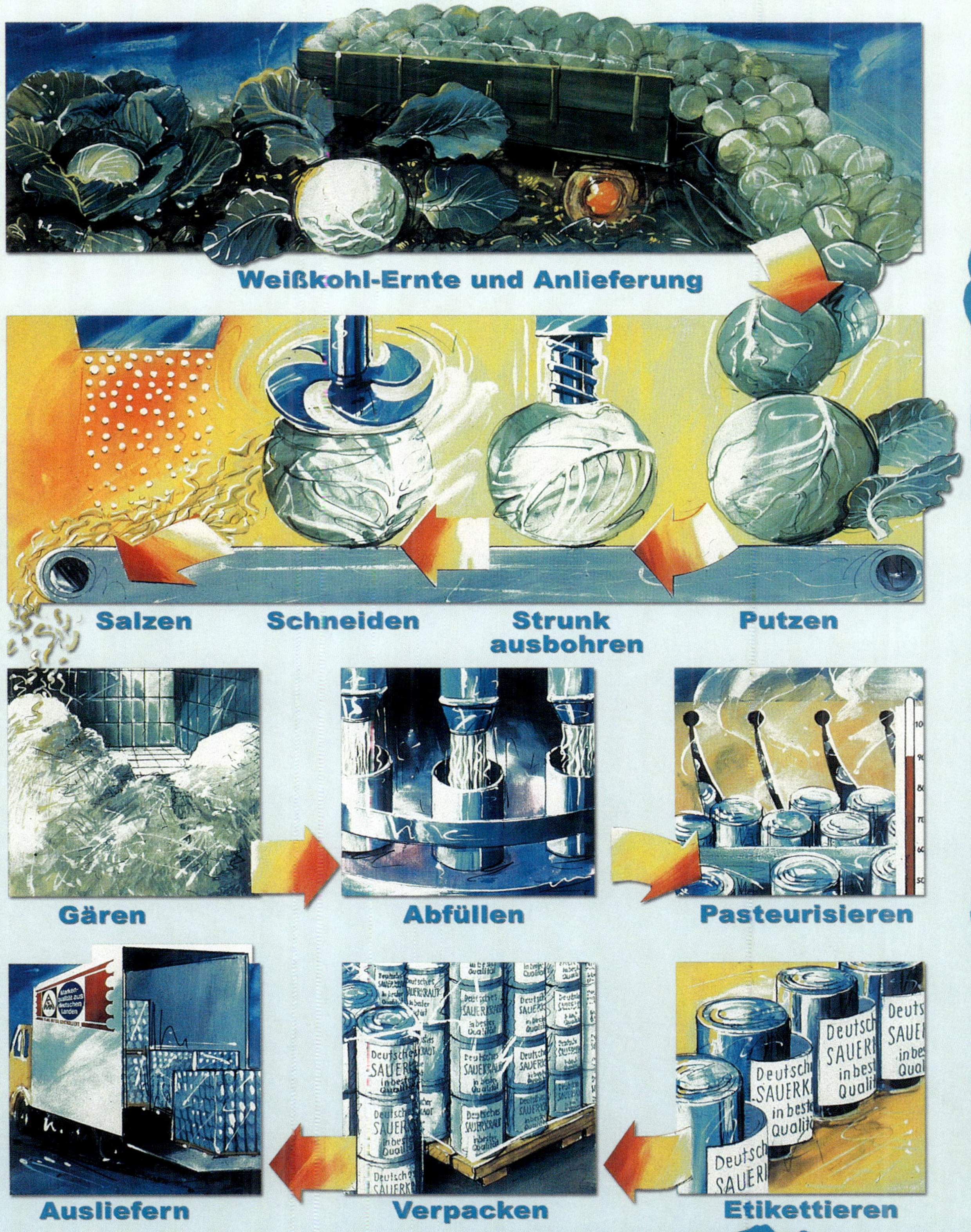

Die neue Lust auf Sauerkraut

Befragung unter Sauerkrautverwendern.
Der Hauptgrund, Sauerkraut zu essen.

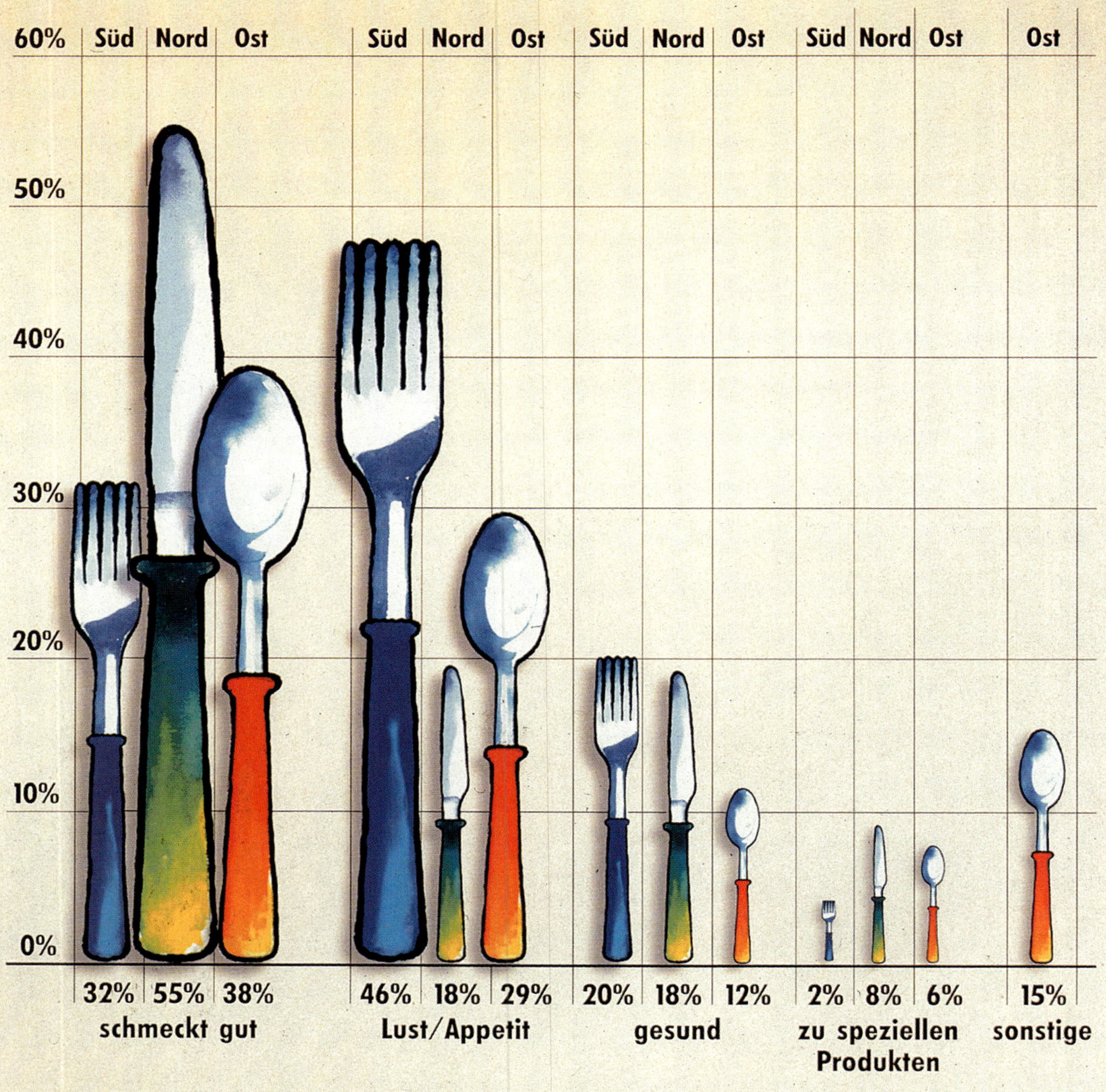

Quelle:
Qualitative Studie Sauerkraut
Sensor Marketing & Research™

VdS

Wissenswertes rund um den Kohl

Die neue Lust auf Sauerkraut

Sauerkraut ist ein gesundes und preiswertes Nahrungsmittel zugleich, das vielseitig sowie einfach zuzubereiten, leicht zu bevorraten und wunderbar zu kombinieren ist. Dieser Tatbestand hat den Verband der deutschen Sauerkonserven-Industrie e. V. veranlasst, Sauerkrautverwender nach ihrer Meinung und nach ihren Konsumgewohnheiten zu befragen.
Die Umfrage brachte Erstaunliches an den Tag: In erster Linie wird Sauerkraut als gesund eingestuft. Man isst Sauerkraut, weil man Lust darauf hat und sieht in diesem nach alter Tradition hergestellten Nahrungsmittel ein praktisches, schnell zuzubereitendes und auf das Feinste zu variierendes, modernes Produkt. In aktuellen Kombinationen, wie z. B. mit Fisch, Geflügel, Gemüse, Kräutern und Kartoffeln, hat es alle Chancen auf der Speisekarte weiter nach oben zu steigen.
Dies ist nicht zuletzt der Vorstellung der Ernährungswissenschaftler zu verdanken, die herausgestellt haben, dass die im Sauerkraut enthaltenen Milchsäurebakterien einen sehr positiven Einfluss auf die gesamte Darmflora haben. Darüber hinaus fanden sie heraus, dass Sauerkraut das Immunsystem aktiviert und die Krebsabwehr verbessert.

Sauerkraut erobert bewusste Verbraucherherzen.

Befragung unter Sauerkrautverwendern.
Image von Sauerkraut.

Sauerkraut ist:

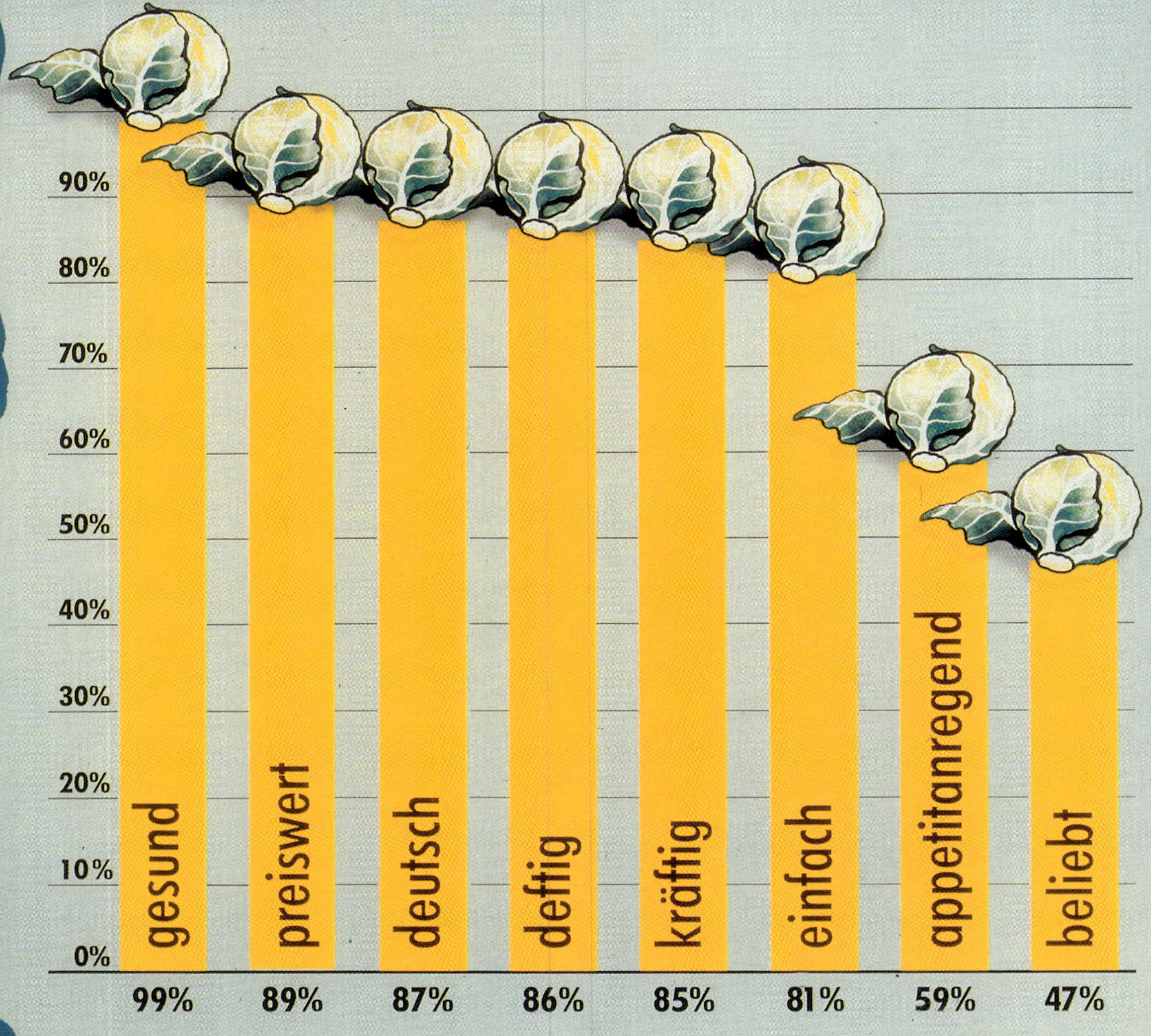

Quelle:
Qualitative Studie Sauerkraut
Sensor Marketing & Research™

VdS

Wissenswertes rund um den Kohl

Sauerkraut erobert bewusste Verbraucherherzen

Sauerkraut hat in allererster Linie den Ruf, ein gesundes Produkt zu sein, denn 99 Prozent sagen, „Sauerkraut ist gesund". (Die Grafik zeigt weitere Antworten.)
Das Ansehen ist also keineswegs nur geprägt von „deftig, kräftig, deutsch", wie man zunächst annehmen möchte. Die einstimmig geäußerte Meinung „gesund" zeigt, dass man dieses natürlich hergestellte Nahrungsmittel in den Kreis der empfehlenswerten Produkte aufgenommen hat.

Sauerkraut ist in Mode

Es wurde weiter gefragt, wie Sauerkraut sozial eingeschätzt wird. 87 Prozent halten Sauerkraut für ein bürgerliches Nahrungsmittel und sogar 81 Prozent bieten ihren Gästen Sauerkrautvariationen an. Das heißt, dass man durchaus der Meinung ist, mit Sauerkraut auch einen guten Eindruck hinterlassen zu können. Weiterhin wurde festgestellt, dass dieses Naturprodukt von 76 Prozent der Befragten nicht als „Arme-Leute-Essen" eingestuft wird. Während frühere Studien ergeben haben, dass Sauerkraut Gästen nicht serviert wird, hat sich dieses Bild also grundlegend geändert.

Vom Schlemmen bis zur Diät

Der geeignete Anlass ist nach wie vor das kräftig-deftige Essen, zu dem Sauerkraut von 93 Prozent der Befragten zubereitet wird. Diese traditionelle Verwendung bestimmt also nach wie vor die Sauerkrautzubereitung. 76 Prozent denken an einen Sauerkrauttag zur Entschlackung bzw. 69 Prozent an einen Diättag, was wieder mehr auf das Gesundheitsbezogene als auf das Traditionelle hindeutet. 57 Prozent sehen Sauerkraut nicht in einer jahreszeitlichen Abhängigkeit und 55 Prozent sehen es nicht als eine typische Wintermahlzeit an. In der Vergangenheit war der Sauerkrautverzehr mit dem Winter eng verbunden.

Ernährungsbewusste Kraut-Liebhaber

Während man aus der Nachkriegsgeschichte die Deutschen als die „Krauts" im In- und Ausland kannte, scheint Sauerkraut jetzt nicht mehr ausschließlich den Ruf des typisch Deutschen zu haben. Der Trend führt weg von dem ursprünglichen „Sauerkrautesser mit Haxen". Der typische Sauerkrautverwender wird zwar mit 89 Prozent der traditionellen Küche zugeordnet, 79 Prozent sehen ihn jedoch als ernährungsbewussten Esser. Immerhin verbindet man heute mit der Sauerkrautverwendung zu 43 Prozent kreative Experimentierfreude. Knapp jeder Zweite schließt von der Sauerkrautverwendung auf eine Vorliebe für Fertiggerichte und Convenienceprodukte. Die letzten drei genannten Eigenschaften sind eher der modernen Küche zuzuordnen als der traditionellen.

Wissenswertes rund um den Kohl

Sauerkraut in der Küche - natürlich heiß begehrt

Wird nach den Eigenschaften von Sauerkraut in der Küche gefragt, so steht die Einschätzung im Vordergrund, dass es einfach zuzubereiten und sehr gut zu bevorraten ist. Eigenschaften also, die als äußerst positiv einzustufen sind. Im Zeitalter der schnellen, einfachen Küche sind insbesondere Produkte, die darüber hinaus noch gut zu bevorraten sind, von großem Wert. (Die Zahlen im Einzelnen zeigt die Grafik.)

Sauerkraut-Vorlieben

Fragt man die Sauerkrautverwender, wie sie sich ihr ideales Sauerkraut vorstellen, so kommen die Antworten in folgender Reihenfolge: nicht zerkocht, feine Würzung, fester, knackiger Biss, pikant, milder Geruch, Sauerkraut pur und mild im Geschmack.

Sauerkraut, das Powerkraut

Eine Vielzahl an wertvollen Inhaltsstoffen und ein niedriger Kaloriengehalt machen Sauerkraut zu einem wertvollen Bestandteil der täglichen Ernährung.
Um für die unterschiedlichen Verbraucherwünsche das richtige Angebot bereitzuhalten, bieten die Sauerkrauthersteller in Deutschland verschiedene Varianten an: frisch und fertig gekocht, gewürzt, mit verschiedenen Zutaten, wie z. B.: Wacholderbeeren, Schweineschmalz, Ananas, mit und ohne Wein oder auch mit Champagner.

Sauerkrautprodukte

Bio-Frischkost-L(+)-Sauerkraut aus dem Fass

ist ungekocht und jeweils von September bis April im Angebot, aus kontrolliert biologischem Dithmarscher Kohlanbau. Jede Woche frisch aus dem Reformhaus.
Das Bio-Frischkost-Sauerkraut aus dem Fass entfaltet seine Wirkung am besten, wenn es roh verzehrt wird. Aber auch in Kombination mit anderen Zutaten zu leckeren Gerichten verarbeitet ist es gesund und sehr bekömmlich.

Bio-Frischkost-L(+)-Sauerkraut

Die »kleine Sauerkrautfabrik im Spezialglas“, găraktiv mit hohem L(+)-Milchsäureanteil. Enthält lebende, probiotische Mikroorganismen, welche die Darmflora positiv beeinflussen. Das ist gut für die körpereigene Abwehrkraft. Das ganze Jahr über erhältlich in der Kühltheke des Reformhauses.
Verpackung: im 410-g-Glas.

Bio-Frischkost-Salate

aus Weißkohl, Paprika und Zwiebeln und Bio-Frischkost-Salat aus Rotkohl und Rettich. Die leckeren, frischen Rohkostsalate für die gesunde Vollwert-Ernährung.
Mit probiotisch wirkenden L(+)-Milchsäurebakterien. Der tägliche rohe Verzehr beeinflusst die Darmflora positiv und leistet so einen wichtigen Beitrag zu Ihrer Gesundheit. In der Kühltheke des Reformhauses.
Verpackung: im 410-g-Glas.

Sauerkraut in der Küche - natürlich heiß begehrt

Befragung unter Sauerkrautverwendern.
Eigenschaften von Sauerkraut in der Küche.

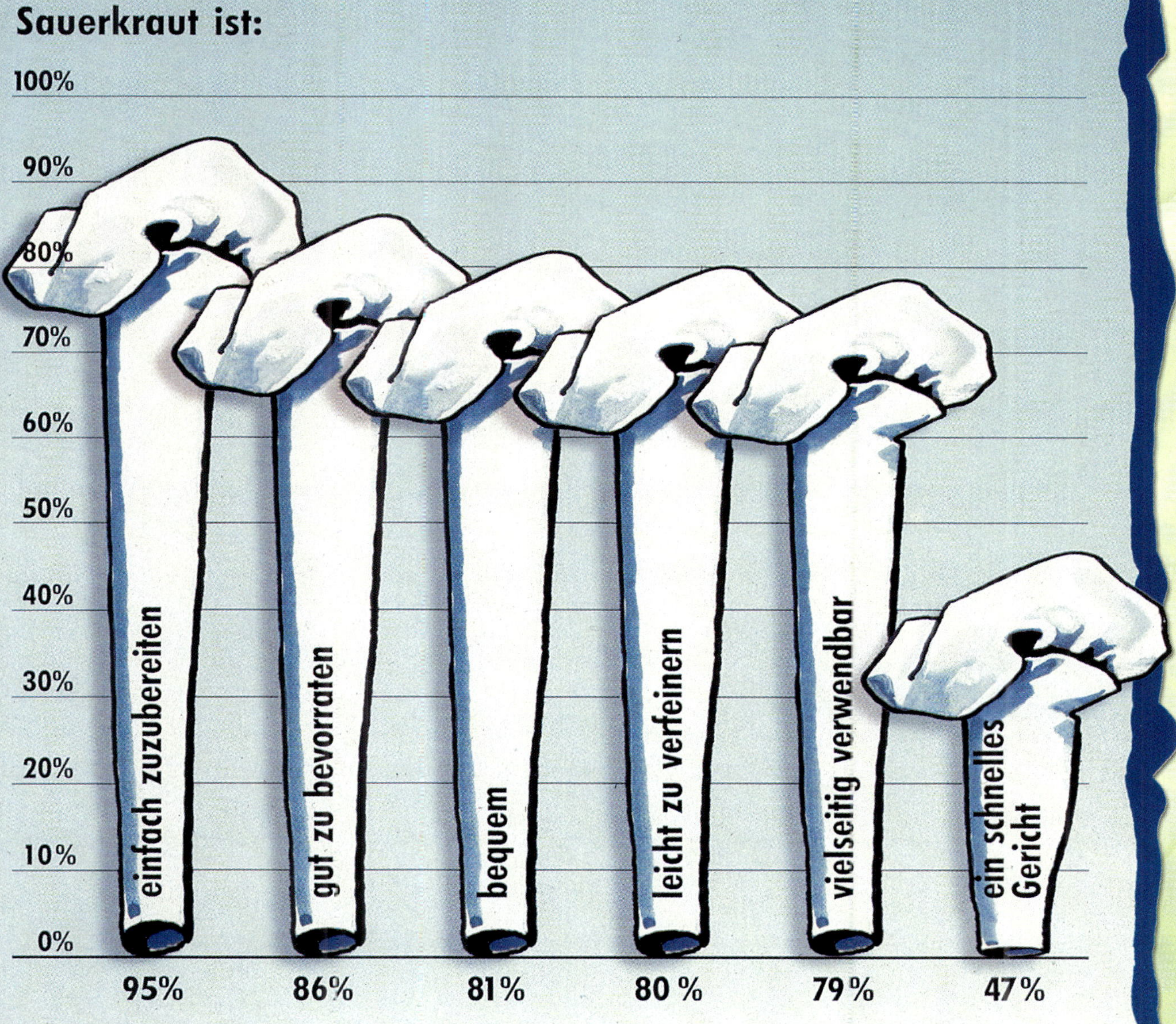

Quelle:
Qualitative Studie Sauerkraut
Sensor Marketing & Research™

VdS

Wissenswertes rund um die ...

Bio-Delikatess-L(+)-Sauerkraut

Das schonend pasteurisierte L(+)-Sauerkraut ist mit Meersalz gewürzt. Mit überwiegendem L(+)-Milchsäureanteil. Verpackung: im 680-g- und im 350-g-Glas.

Bio-L(+)-Diät-Sauerkraut

Das schonend pasteurisierte L(+)-Sauerkraut ist ohne Zusatz von Meersalz für die streng natriumarme Diät (Natrium durchschnittlich 0,004 g pro 100 g); 1 BE = 400 g. Verpackung: im 350-g-Glas.

Elsässer Bio-Sauerkraut

Eine schmackhafte, tafelfertige Spezialität mit spritzig-würziger Geschmacksnote. Verpackung: im 335-g-Glas.

Bayrisch Kraut

Eine köstliche, tafelfertige Spezialität, mit deftig herzhaftem Geschmack, nicht nur für kalte Tage. Verpackung: im 335 g-Glas.

Sauerkrauttopf „Szegediner Art“

Ein vollwertiges Fertiggericht ohne Fleisch, vegetarisch, mit hochwertigem pflanzlichem Eiweiß. Ideal für kalte Wintertage. Verpackung: in der Dose mit 580 ml Inhalt.

Bio-Sauerkrautsaft mit Meersalz

ist Press-Saft aus milchsauer vergorenem Weißkohl, der aus kontrolliert biologischem Anbau geliefert wird. Der Sauerkrautsaft aktiviert die Verdauung, er ist „der Jungbrunnen für den Darm“, fein mit Meersalz abgeschmeckt, in 250-ml-Flaschen abgefüllt.

... Sauerkraut-Produkte

Der Kohl – gesund ...

Gesunder Sauerkrautgenuss

Ein wichtiges Argument für die positive Beurteilung eines Nahrungsmittels ist immer der Gesundheitswert. Sauerkraut wird unter ernährungsphysiologischen Gesichtspunkten besonders hoch bewertet.

Sauerkraut-Cocktail
Ein Gemüsesaft zur Unterstützung der natürlichen Funktion von Magen und Darm.
Sauerkrautsaft
Milchsauer vergoren. Durch die verdauungsfördernde Wirkung erhöht sich das Wohlbefinden.

Es ist eine Vielfalt an Sauerkrautkapseln erhältlich, mit hochwertigem Pulver oder Saft. Sie enthalten außer Vitamin C und B-Carotin auch Vitamin B2, B12, Kalium, Kalzium, Eisen und Ballaststoffe.

Rein zufällig stellten die Seefahrer im 15. Jahrhundert fest, dass gepökeltes Fleisch sehr gut zum Sauerkraut schmeckt. Denn Christoph Kolumbus (1451-1506) und später auch James Cook (1728-1779) führten auf ihren monatelangen Seereisen mangels frischem Gemüse und Obst etliche Fässer Sauerkraut für die Mannschaft mit. Die Erfahrung hatte nämlich gezeigt, dass es vor der lebensgefährlichen Skorbut-Krankheit (Vitamin-C-Mangel) schützt. Gepökeltes Fleisch war als haltbares Nahrungsmittel ohnehin an Bord und wurde so eine beliebte Ergänzung zum Sauerkraut. Bei dieser Kombination ist es jahrhundertelang geblieben.

Heute ist Skorbut eine Krankheit ohne Bedeutung, Vitamin C aber ein umso wichtigeres Vitamin, denn es erfüllt zahlreiche Funktionen im Körper. Die bekannteste Wirkung ist die Anregung des menschlichen

BIO-Sauerkrautsaft mit natürlichem Gehalt an Milchsäure mit Meersalz gewürzt, für eine gesunde Ernährung.

Abwehrsystems. Vitamin C kann den Ausbruch von Infektionskrankheiten lindern bzw. verhindern. Darüber hinaus verbessert es maßgeblich die Eisenaufnahme.
Vitamin C gehört zu den Antioxidantien, welche die Bildung freier Radikale verhindern können und den Körper auf diese Weise vor Zellschädigungen schützen. Sauerkraut enthält 20 mg Vitamin C/100 g. 200 g Sauerkraut decken den halben Tagesbedarf an Vitamin C.
Sauerkraut ist ein wahres Leichtgewicht in puncto Kalorien. 100 g des feinen Krauts enthalten nur 17 kcal. Damit ist es ein ideales Lebensmittel auf dem täglichen Speisezettel. Hinzu kommt, dass Sauerkraut durch seine Ballaststoffe (2,14 g/100 g) sehr gut sättigt. Die durch die Ballaststoffe erhöhte Darmaktivität verbessert nicht nur das subjektive Empfinden, das mit einer geregelten Verdauung einhergeht, sondern sie wirkt auch vorbeugend gegen die Entstehung von Geschwüren im Darmbereich. Ballaststoffe sind darüber hinaus in der Lage, Krebs erregende Stoffe zu binden. Außerdem wirken sie sich positiv auf den Blutzucker- und den Blutcholesterinspiegel aus. Die in frischem Sauerkraut enthaltenen Milchsäurebakterien beeinflussen die Darmflora positiv. Sie schützen die nützlichen Darmbakterien und hemmen das Wachstum von Krankheitserregern. Darüber hinaus wird das Immunsystem durch die Milchsäurebakterien aktiviert und die Krebsabwehr gestärkt.

Der Kohl – gesund ...

Sauerkraut – der Star in der gesunden Küche

Ernährungswissenschaftler und Mediziner entdecken derzeit das uralte Wissen um die Heilkräfte von Kohlgemüse und Sauerkraut wieder neu. Kein Wunder, im Kohl steckt ein wahres Kraftpaket an Vitalstoffen, angefangen von Ballaststoffen, lebenswichtigen Vitaminen und Mineralstoffen bis hin zu wertvollen bioaktiven Substanzen. Dazu zählen etwa die Glukosinolate des Weißkohls mit ihrer antibakteriellen Wirkung. Mildsauer vergorenes Kohlgemüse wie Sauerkraut gilt darüber hinaus sogar als immunstimulierend. Gönnen Sie sich daher öfter diesen Gesundbrunnen! Sauerkraut schmeckt ausgesprochen delikat.

Die Anti-Krebs-Pyramide

Vorbeugende Anti-Krebs-Ernährung

Sauerkraut als Wunderkraut

Kohl steht an der Spitze von 33 Lebensmitteln einer Anti-Krebs-Ernährung, die vom Nationalen Krebsinstitut der USA jetzt als beste Vorbeugung ermittelt wurden. Je höher ein Nahrungsmittel in dieser Pyramide angeordnet ist, desto mehr Anti-Krebs-Stoffe enthält es. Der Kohl in all seinen Varianten bildet dabei die einsame Spitze der Pyramide. (Quelle: Nationales Krebsinstitut, USA)

Besondere Bedeutung wird dabei dem Sauerkraut zugeschrieben, das in der Volksmedizin schon seit Jahrtausenden bekannt und beliebt ist. Speziell frisches Sauerkraut, das ab Ende September wieder vom „Fass“ angeboten wird, soll besonders effektiv gegen Krebserkrankungen schützen. Verantwortlich hierfür ist neben den Ballaststoffen und den Milchsäurebakterien, die für eine gesunde Darmflora sorgen und das Immunsystem stärken, auch der hohe Gehalt an Vitamin C, K, B_6 und Folsäure.

Der Kohl – gesund ...

Besondere Bedeutung kommt in diesem Zusammenhang jedoch den sekundären Pflanzenstoffen zu. Diese bioaktiven Substanzen, die den Pflanzen als Wachstumsregulatoren, Farbstoffe oder Schutz gegen Schädlinge dienen, spielen nach neuesten wissenschaftlichen Erkenntnissen innerhalb der Krebsprävention eine wichtige Rolle. Die im Kohl enthaltenen sekundären Pflanzenstoffe wie Glucosinolate, Flavonoide und Phenolsäuren wirken krebshemmend und antioxidativ.

Von Experten als Krebsprophylaxe empfohlen

Der renommierte Ernährungswissenschaftler Prof. Dr. Claus Leitzmann vom Institut für Ernährungswissenschaft der Universität in Gießen bestätigt, dass eine langfristige Ernährungsumstellung auf pflanzliche Lebensmittel wie Reis, Gemüse, Sojaprodukte und Obst das Krebsrisiko um bis zu 40 Prozent senken kann. Beim Sauerkraut ist es insbesondere die Kombination aus „Ballaststoffen", „Milchsäurebakterien" und sekundären Pflanzenstoffen, die das Immunsystem stärkt und das Krebswachstum hemmt. Es genügen 3-4 Gabeln frisches Sauerkraut täglich, um dem Körper die entsprechende Menge an Vitalstoffen zuzuführen. Aber nicht nur in der Krebsvorsorge spielt das gesunde Kraut eine bedeutende Rolle. Der hohe Vitamin-C-Gehalt schützt vor Erkältungen, lebenswichtiges Eisen und Vitamin B_6 fördern das Wohlbefinden und die Fitness und Acetylcholin wirkt beruhigend auf das vegetative Nervensystem. Ein „Wunderkraut" also im wahrsten Sinne des Wortes.

Das Powerkraut stärkt das Immunsystem

Frisches Sauerkraut ist besonders gesund, denn es enthält rund 60 Prozent mehr Vitamin C, K, B_6 und Folsäure als herkömmliches, konserviertes Sauerkraut. Dies liegt daran, dass Frischkost-Sauerkraut durch natürliche Gärung (Kohlenhydrate werden in ernährungsphysiologisch wertvolle Milchsäure umgewandelt) haltbar gemacht wird und nicht durch Erhitzen, wie sein Pendant in der Konserve.
Bio-Frischkost-Sauerkraut wird unter Verwendung von Weißkohl aus kontrolliert biologischem Anbau unter Zugabe von Meersalz und Wacholderbeeren angeboten. Aufgrund seiner ernährungsphysiologischen Wertigkeit wird frisches Sauerkraut von Ernährungsexperten empfohlen, stärkt es doch gerade im Herbst und Winter unser Immunsystem.
Ernährungsexperten raten Bio-Frischkost-Sauerkraut vor der Zubereitung grundsätzlich nur abtropfen zu lassen und nicht zu waschen, weil dadurch ein Teil der Nährstoffe verloren geht. Roh verzehrt ist es eine regelrechte Vitaminbombe. Wer trotzdem mehr auf „warm" steht, sollte frisches Sauerkraut nach Möglichkeit nur kurz dünsten, da einige Vitamine sehr hitzeempfindlich sind.

100 g gekochtes Sauerkraut enthalten:

Ballaststoffe	2,0 g
Eisen	0,6 mg
Fett	0,2 g
Folsäure	31
Kalium	288 mg
Kalzium	48 mg
Kcal	17/73 kj
Kohlenhydrate	3,0 g
Magnesium	14 mg
Natrium	0,2 g

... mit vielen Vitalstoffen

Der Kohl – gesund ...

Proteine	0,9 g
Vitamin B_6	0,2 mg
Vitamin C	20,0 mg
Vitamin K	1,5 mg
Wasser	93,7 g

Vital-Fastenkur für den Herbst

Elan, Vitalität und Lebensfreude sind heute wichtiger denn je, wer sie besitzt, fühlt sich wohl und leistungsfähig, hat eine gute, positive Ausstrahlung und genießt jeden Tag.
Ab der stürmisch-regnerischen Herbstzeit werden an das Immunsystem besonders hohe Anforderungen gestellt. Deshalb ist eine gut funktionierende Körperabwehr nun besonders wichtig.
Die jetzt zur Verfügung stehenden erntefrischen Bio-Gemüsesäfte und -moste aus kontrolliert biologischem Anbau liefern eine Vielzahl schützender sekundärer Pflanzenstoffe sowie zahlreiche Nähr- und Vitalstoffe. Sie sind deshalb bestens geeignet,

den Körper auf die kürzer werdenden Tage vorzubereiten und Sie bei Stimmung zu halten.
Jeden Tag 1-2 Gläser der gesunden, wohlschmeckenden Bio-Gemüsesäfte und -moste stärken die Abwehrkräfte und schaffen die Voraussetzung, dass Sie gesund und vital durch den Herbst und Winter kommen.
Für all diejenigen unter Ihnen, die jetzt noch einmal in kurzer Zeit ihre Abwehrkräfte konzentriert aufbauen und aktivieren möchten, ohne dabei auf guten Geschmack verzichten zu müssen ist die 10-Tage-Vital-Herbstfastenkur zusammengestellt worden. Sie entlastet den Verdauungstrakt und „reinigt" den Körper. Nach dieser Vital-Kur fühlen Sie sich wieder frisch und aktiv, und das Herbstwetter kann getrost kommen!

Das Saftfasten

Beim Saftfasten werden die benötigten Mineralstoffe und Vitamine in natürlicher Form von Obst- und Gemüsesäften, Kräuter- und Früchtetees sowie Mineralwasser aufgenommen. Durch ein besonders günstiges Verhältnis von Kalium zu Natrium in den Obst- und Gemüsesäften wird vor allem in den ersten Tagen die Wasserausscheidung gefördert. Der Gesamtstoffwechsel stellt sich um - das stärkt die natürlichen Abwehrkräfte.

Ein paar Tipps vorab:

1. Bitte sprechen Sie vor dieser Kur Ihren Arzt an, ob dieser spezielle Vital-Herbst-Fastenplan für Sie geeignet ist.
2. Berücksichtigen Sie eventuelle Feste, Feiern und Einladungen.
3. In Gesellschaft macht es doppelt Spaß: Versuchen Sie Mitfastende zu gewinnen!

4. Besorgen Sie sich ausreichend Gemüsesäfte (siehe Einkaufszettel), Früchte- und Kräutertees sowie Mineralwasser.
5. Gehen Sie während des Vital-Fastens verstärkt spazieren, fahren Sie häufig mit dem Rad, machen Sie Gymnastik und Walking.

Die 10-Tage-Vital-Fastenkur
- reinigt, entschlackt und hebt die Stimmung.

Ihr vitaler Einkaufszettel

Bitte lesen Sie sich den Vital-Fastenplan genau durch und entscheiden Sie dann selbst, welche Obst- und Gemüsesorten Sie als Rohkost besorgen möchten.
Milchreis, Reis, Rohkost nach Wahl (z. B. Äpfel, Birnen, Bananen, Möhren, Kohlrabi, Gurken, Salat), Gemüsebrühe, Backpflaumen, Kräuter- und Früchtetee, 12 Flaschen Bio-Gemüsesäfte und -moste, davon:
3 Fl. Bio-Sauerkrautsaft mit Meersalz
3 Fl. Bio-Möhrensaft
2 Fl. Bio-Rote-Bete-Most
2 Fl. Bio-Gemüsesaft-Cocktail, kräutergewürzt
2 Fl. Bio-Gemüsesaft-Cocktail

1. Tag: Vorbereitung

Der erste Tag dient der Entwässerung.
Frühstück: 1/4 l Bio-Sauerkrautsaft,1 Portion Obstsalat, z. B. 1 Nektarine, 1 Banane 1 Apfel, 1 Birne. Alles klein schneiden und mit 100 ml Orangensaft übergießen.
Zwischenmahlzeit: 1/4 l Bio-Möhrensaft.
Mittags: 1 Tasse Gemüsebrühe, 1 Portion Apfelreis (siehe Rezept Seite 36).
Zwischenmahlzeit: 1/4 l Bio-Möhrensaft.
Abends: 1 Tasse Gemüsebrühe, 1 Portion Milchreis (siehe Rezept Seite 36).

2. Tag: Entlastung

Dient der Entwässerung und Darmreinigung - bereitet Sie auf die nun folgenden Vital-Fastentage vor.
Frühstück: 1/4 l Bio-Sauerkrautsaft, 1 Portion Obstsalat (siehe Vortag) oder Rohkost (Möhren, Kohlrabi oder Gurken, Feigen oder Backpflaumen).
Zwischenmahlzeit: 1/4 l Bio-Möhrensaft.
Mittags: 1 Tasse Gemüsebrühe, 1 Portion Rohkost.
Zwischenmahlzeit: 250 ml Bio-Sauerkrautsaft.
Abends: 1 Tasse Gemüsebrühe, 1 Portion Rohkost.

3. - 7. Tag: Fasten

Jetzt werden keine festen Nahrungs- und Genussmittel verzehrt - der Stoffwechsel beginnt sich umzustellen.

Wichtig!
Trinken Sie pro Tag insgesamt 1-3 l Gemüsesäfte. Nach Belieben können Sie diese in 150-200-ml-Portionen auf fünf Mahlzeiten verteilen. Zusätzlich trinken Sie zum Frühstück 1 Glas (150 ml) Bio-Sauerkrautsaft, um die Verdauung zu unterstützen. Vor dem Schlafengehen nehmen Sie noch 150 ml Bio-Gemüsesaft-Cocktail als Schlummertrunk zu sich. Trinken Sie darüber hinaus zwischendurch reichlich Mineralwasser und ungesüßten Kräuter- oder Früchtetee.

Der Kohl – gesund ...

Sie sollten mindestens 2,5-3 l Flüssigkeit pro Fastentag aufnehmen.

Tipp: Für alle fünf Mahlzeiten gilt: Trinken Sie Bio-Gemüsesäfte langsam und schluckweise.

8. Tag: Fastenbrechen

Gewöhnen Sie Ihren Körper vorsichtig wieder an feste Nahrung.

Sie haben es geschafft und dürfen nun langsam wieder mit fester Nahrung beginnen. Nehmen Sie sich für das erste Essen Zeit und verzehren Sie Ihre Mahlzeiten in Ruhe. Morgens empfehlen wir einen ungeschälten Apfel, mittags eine Tasse warme Gemüsebrühe und eine Scheibe Zwieback oder Knäckebrot, dünn mit Butter bestrichen. Nachmittags essen Sie dann noch einen Apfel und abends können Sie sich auf eine Kartoffelsuppe mit frischen Kräutern freuen. Trinken Sie dazwischen weiterhin Mineralwasser, Kräuter- und Früchtetee und natürlich die guten Bio-Gemüsesäfte. Verzichten Sie vorläufig auf tierische Lebensmittel außer auf Milch und Milchprodukte und nehmen Sie eine leichte Schonkost zu sic, wie Kartoffelbrei, Frischkost, Müsli, Obst und Gemüse.

9. - 10. Tag: Aufbauen

Mit leichter Kost zurück zur gewohnten Ernährung.

Wichtiger Tipp: Essen Sie ruhig noch ein bis zwei Tage länger die leichte Schonkost, damit sich der Körper langsam wieder umstellen kann. Wer sein Gewicht in Grenzen halten will, hält sich am besten überall etwas zurück.

Milchreis

Zutaten
1/8 l Milch
1 Prise Salz
1 EL Honig
etwas abgeriebene Zitronenschale
25 g Milchreis

Zubereitung
Die Milch mit Salz, Honig und Zitronenschale zum Kochen bringen. Den Milchreis hineingeben, umrühren und nochmals aufkochen, dann den Reis quellen lassen.

Apfelreis

Zutaten
2 Tassen Wasser
1 Prise Salz
1 Apfel
25 g Reis
1 EL Honig
1 TL gemahlener Zimt

Zubereitung
Das Wasser mit dem Salz in einen Topf geben und aufkochen. Den Apfel schälen, vierteln, entkernen und würfeln. Den Reis und die Apfelwürfel in das Wasser geben und 15 Minuten kochen, bis der Reis fast gar ist. Dann noch 10 Minuten quellen lassen und mit dem Honig süßen. Vor dem Servieren mit Zimt bestreuen.

Die Frühjahrs-3-Tage-Kur

1. Tag

Vorbereitung
Morgens vor dem Frühstück:
1/4 l Bio-Sauerkrautsaft
Zum Frühstück:
einen grünen Salat (z. B. Eisberg, Rucola oder Feldsalat), angemacht mit wenig Öl, 2 EL Zitronensaft und frisch gemahlenem Pfeffer, dazu 1/4 l Bio-Sauerkrautsaft.
Mittags:
einen Kräuterquark rühren aus Quark und Jogurt, dazu 1/4 l Bio-Sauerkrautsaft trinken.
Nachmittags:
1/4 l Bio-Sauerkrautsaft trinken.
Abends:
einen Quark mit Sanddornsaft anrühren und mit Honig abschmecken.

2. Tag

Zum Frühstück:
2 Zitronen auspressen und in ein Glas Mineralwasser geben, mit wenig Honig abschmecken. Danach über den Tag verteilt 1 l Gemüsesaft (z. B. Bio-Sauerkrautsaft, Bio-Möhrensaft, Bio-Rote-Bete-Most, Bio-Gemüsesaft-Cocktail oder Tomatensaft) trinken. Außerdem reichlich Mineralwasser, Kräuter- oder Früchtetee trinken.

3. Tag

Zum Frühstück:
1 TL Heilerde in ein Glas Mineralwasser einrühren, danach über den Tag verteilt wieder 1 l Gemüsesaft (z. B. Bio-Sauerkrautsaft, Bio-Möhrensaft, Bio-Rote-Bete-Most, Bio-Gemüsesaft-Cocktail oder Tomatensaft) trinken.

Außerdem reichlich Mineralwasser, Kräuter- oder Früchtetee trinken.

Den 2. und 3. Kurtag abwechselnd wiederholen.

Zum Schluss der Kur: ein Aufbautag (siehe 10-Tage-Vital-Fastenkur, 8. Tag, Seite 36), an dem nur leichte Kost, möglichst fettarm, verzehrt werden sollte. Wenn Sie 1 Woche fasten wollen, sprechen Sie mit Ihrem Arzt. Trinken Sie während der Fastenkur keinen Kaffee und keinen schwarzen Tee.

Die Renaissance ...

Snacks und Fingerfood mit Sauerkraut – neu entdeckt

Dass Sauerkraut ein wertvolles, natürlich hergestelltes Nahrungsmittel ist, weiß man schon seit Menschengedenken - dass mit Sauerkraut auch die leckersten und feinsten Snacks und witzigsten Fingerfood-Ideen möglich sind, das ist neu.

Sauerkraut heute - kreativ und neu

Und so sollte man einmal anders über Sauerkraut nachdenken. Variationen mit Räucherlachs, Hummerkrabben, Fisch, Geflügel, Gemüse oder Kartoffeln versprechen einen außergewöhnlichen und neuen Genuss. Ob als Sauerkrautsuppe, als Quiche mit Lachs oder Pute, als Sauerkrautkuchen oder Tarte oder als Variante aus Fernost, z. B. Wan Tans - wer kennt schon die zahlreichen Beispiele, die Sauerkraut einen modernen Auftritt verschaffen. In diesen Kompositionen spielt Sauerkraut nicht nur die tragende Rolle eines preiswerten, leicht zu bevorratenden, wunderbar zu variierenden Lebensmittels, sondern es passt sich gleichermaßen auch aktuellen Ernährungsgewohnheiten an. Zu jeder Zeit, mit jedem gewünschten Aufwand, in entsprechenden Nährwertzusammensetzungen kann das unter diesen Aspekten neue Produkt Sauerkraut für Jung und Alt zu einer neuen Liebe werden.

Sauerkraut – von Feinschmeckern neu entdeckt

Wissenschaftliche Erkenntnisse und Gesundheitsbewusstsein der heutigen Zeit haben das Sauerkraut aus seiner überlieferten Tradition herausgeholt und auf die Ebene kulinarischer Köstlichkeiten erhoben. Die Gewohnheit, Sauerkraut mit Speck, fettem Fleisch und Würsten eine Stunde lang zu kochen, sollte die Ausnahme bleiben. Denn dadurch geht ein großer Teil des Vitamin-C-Gehaltes verloren. Ganz im Gegensatz dazu enthält ein Rohkostsalat aus mildgesäuertem, frischem Sauerkraut, gehobelten Äpfeln und Möhren, Jogurt und Zucker viele wertvolle Nährstoffe, die das Immunsystem stärken: von den Vitaminen und Mineralstoffen über bioaktive Substanzen bis zu den Milchsäurebakterien. Zu einer eleganten Beilage wird das Kraut, wenn man es z. B. in etwas Wein oder Brühe, gewürzt mit angedrückten Wacholderbeeren, Kümmel, Fenchelsamen, einem Lorbeerblatt und Estragon, 15-20 Minuten kocht (frisches, rohes Sauerkraut braucht etwas länger). Etwas Butter, Pflanzenöl oder Gänseschmalz zum Schluss untergehoben, verfeinern den Geschmack. Oder das Kraut in Champagner mit Apfel- oder Ananasstückchen dünsten, mit Majoran und Zucker abschmecken und zum Schluss in Butter schwenken. Als Beilage zu gebratenem Fasan – ein Festessen!
Längst stehen auch bei Spitzenköchen Sauerkraut-Spezialitäten auf der Speisekarte. Sie lassen sich raffinierte Zubereitungen einfallen wie zum Beispiel eine Perlhuhnessenz mit einer Einlage aus in ganz feine Streifen geschnittenem, in trockenem Sherry mariniertem, mildem Sauerkraut, pochiertes Zanderfilet in pikantem Krautaspik, ein Sorbet aus Apfel-Sauerkraut-Püree, abgeschmeckt mit Zucker, Wein und Calvados. Auch für Hobby-Köchinnen und -Köche kann es ein kulinarisches Vergnügen sein, die Vielseitigkeit des Sauerkrautes zu entdecken und Neues damit auszuprobieren.

Tipps und Tricks

Sauerkraut können Sie je nach Lust und Laune geschmacklich variieren:

- mit Gewürzen: Kümmel, Pfefferkörnern, Wacholderbeeren, Lorbeerblatt
- mit Suppengrün
- mit Obst: Äpfeln, Birnen, Weintrauben, Ananasstücken
- mit Flüssigkeiten wie: Apfelsaft, Weißwein, Cidre, Sekt oder Champagner
- mit kleinen Speckwürfeln
- abschmecken mit Zucker oder Honig
- Mitgekochter ganzer Kümmel verhindert Blähungen.
- Das Sauerkraut erhält durch eine rohe, geraffelte Kartoffel und Sauerrahm eine sämige Konsistenz, dies nimmt ihm zudem etwas von seiner Säure.
- Sauerkraut eignet sich auch hervorragend zum Einfrieren. Praktisch ist es, doppelte Portionen zuzubereiten und eine davon einzufrieren, so haben Sie immer Sauerkraut auf Vorrat.
- Sauerkraut schmeckt besonders gut, wenn man es nur kurz bei hoher Temperatur kocht, da es dann nicht zu weich wird.
- Zu flüssiges Sauerkraut einfach mit Kartoffelpüreepulver binden.

Räucherkäse auf Apfelkraut

Zutaten
Apfelkraut:
1 Zwiebel, 50 g Butter
500 g Frischkost-Sauerkraut
4 große Äpfel (z. B. Elstar)
10 Wacholderbeeren
1/8 l Apfelsaft
Für das Püree:
750 g mehligkochende Kartoffeln, Salz
1/4 l heiße Milch
1 Prise Muskatnuss
4 Scheiben runder Räucherkäse (à 100 g)

Zubereitung
Für das Kraut die geschälte, gewürfelte Zwiebel in Butter andünsten und das zerkleinerte Sauerkraut zufügen. Die Äpfel waschen, schälen, achteln und entkernen. Die Apfelspalten, Wacholderbeeren und den Apfelsaft zugeben, dann das Kraut bei milder Hitze ca. 30 Minuten dünsten. Für das Püree die Kartoffeln schälen, vierteln und in Salzwasser in 15 Minuten gar kochen, das Wasser abgießen. Die Kartoffeln zerstampfen, heiße Milch zugießen und das Püree schaumig aufschlagen. Mit Salz und Muskatnuss abschmecken. Zum Anrichten das Püree in einen Spritzbeutel mit großer Tülle füllen und auf vier vorgewärmte Teller spritzen. Das heiße Apfelkraut daneben geben, Käsescheiben darauf anrichten und sofort servieren.

Tipp: Der Käse sollte gerade zu schmelzen beginnen. Eventuell die fertigen Teller 1-2 Minuten unter den heißen Grill oder in den vorgeheizten Backofen stellen.

Zubereitung
Die Kartoffel-Puffer-Packung nach Anweisung mit dem Ei anrühren. Das Ganze 10 Min. quellen lassen. Das Sauerkraut abtropfen lassen, klein schneiden und unter die Puffermasse mischen.
Das Sonnenblumenöl heiß werden lassen und die Sauerkrautpuffer von beiden Seiten ausbacken. Die Puffer auf ein mit Backpapier ausgelegtes Backblech legen und die Ananasraspel darauf verteilen. Die Käsescheiben halbieren, auf die Puffer legen und im vorgeheizten Backofen bei 200° C ca. 10 Minuten überbacken.

Tipp: Verwenden Sie zum Überbacken immer Käse mit hohem Fettgehalt. Er schmilzt besser und bildet eine schöne Kruste.

Sauerkraut gibt es zwar das ganze Jahr hindurch in Dosen, doch frisch geernteter Weißkohl hat den höchsten Gehalt an Vitaminen und Mineralstoffen. Er enthält Kalium für das Herz, Kalzium für die Knochen und Eisen für das Blut, außerdem reichlich Vitamin C, mehrere B-Vitamine und vor allem die lebenswichtige Folsäure. Dabei hat er nur ganz wenig Kalorien: ca. 17 pro 100 Gramm. Weißkohl wird als Sauerkraut haltbar gemacht.

Kleine, feine Vorspeisen ...

Weinkrauttatar

Zutaten
300 g mildes Weinsauerkraut
100 g Möhren
100 g Zucchini
1 Bund Kerbel
4 Schalotten
3 EL TK-Schnittlauch
250 g Quark
3 EL Zitronensaft
1 TL Zucker
Salz
schwarzer Pfeffer

Zubereitung
Das Sauerkraut gut abtropfen lassen und sehr fein schneiden. Die Möhren schälen und die Zucchini waschen, dann beides in eine Schüssel raspeln. Den Kerbel waschen und hacken, die Schalotten schälen und würfeln. Das geraspelte Gemüse, Kerbel, Schalotten und Schnittlauch mit dem Sauerkraut vermischen. Den Quark mit Zitronensaft, Zucker, Salz und frisch gemahlenem Pfeffer glatt rühren. Unter das Sauerkraut mischen und die Masse kalt stellen.
Mit dem Esslöffel Klößchen abstechen und als Vorspeise mit Weißbrot oder geröstetem Toast servieren.

Sauerkraut-Eisbeinterrine mit Apfelsalat und Rote-Bete-Senfsaatsauce

Eisbeinterrine
Zutaten
4 gepökelte Eisbeine
1 Zwiebel, 1 Lorbeerblatt
1 Nelke, 5 Pimentkörner
15 weiße Pfefferkörner
Wasser
4 große Scheiben gekochter Schinken
400 g gegartes Frischkost-Sauerkraut, 8 Blatt Gelatine

Zubereitung
Die Zwiebel mit Lorbeer und Nelke spicken. Die Zwiebel zum Eisbein geben und mit den Gewürzen in Wasser aufkochen, ca. 90 Min. köcheln lassen. Das Fleisch von Knochen, Fett und Schwarte trennen und in das erhitzte Sauerkraut geben. Die Gelatine 10 Min. einweichen. Das Fleisch aus dem Sauerkraut nehmen und die ausgedrückte Gelatine darin unter Rühren auflösen, nicht mehr kochen lassen. Die Terrine mit den Schinkenscheiben auslegen. Das Eisbeinfleisch in die Mitte auf eine Schicht Sauerkraut legen und mit dem restlichen Sauerkraut auffüllen. Über den Rand der Terrine hängende Schinkenscheiben auf dem Sauerkraut zusammenlegen und andrücken. Die Form abgedeckt 5 Stunden im Kühlschrank kühlen.

Apfelsalat
Zutaten
2 Äpfel (z. B. Granny Smith)
Salz, Zucker
1 EL Crème fraîche

Zubereitung
Die Äpfel waschen, schälen, vierteln, Kerngehäuse entfernen und in kleine Würfel schneiden. Die Apfelwürfel mit der Crème fraîche verrühren und mit Salz und Zucker abschmecken.

Gelee
Zutaten
2 EL Möhrenwürfel
7 Blatt Gelatine
2 Rote-Bete-Knollen
1/4 l Weißwein
1/4 l Wasser
Salz, Estragonessig

Zubereitung
Die Möhrenwürfel in Salzwasser gar kochen, kalt abspülen und abtropfen lassen. Die Gelatine 10 Min. einweichen. Die Rote Bete schälen, klein würfeln, mit Wein, Wasser und Salz aufkochen, dann herausnehmen. Den Fond mit einem Spritzer Estragonessig aromatisieren und die ausgedrückte Gelatine darin auflösen, nicht mehr kochen lassen, dann abkühlen, Die ausgekühlten Rote Bete und die Möhrenwürfel mischen und auf der Eisbeinterrine verteilen. Mit dem kalten Rote-

Bete-Fond auffüllen, dann über Nacht auskühlen lassen.

Rote-Bete-Senfsaatsauce
Zutaten
1 TL Senfsaat, 1 EL Majonäse, 1 EL Crème fraîche, 1/8 l Rote-Bete-Most
1/2 TL Meerrettich
Salz, weißer Pfeffer

Zubereitung
Die Senfsaat 2 Stunden einweichen, gut durchkochen und kalt abspülen, dann trockenlegen. Die übrigen Zutaten zu einer glatten Sauce verrühren, abschmecken und die Senfsaat untermischen. Die Terrine in Scheiben aufschneiden, mit dem Apfelsalat und der Sauce auf Tellern anrichten und servieren.

Sauerkraut-Blutwurststrudel

Zutaten
1 TL Schmalz
1 kleine Zwiebel
1 Apfel, 350 g Frischkost-Sauerkraut
Gewürze:
1 Lorbeerblatt, 1 Nelke
10 Wacholderbeeren
1 Msp. Kümmel
Salz, Zucker
Außerdem:
1 Kartoffel
1/4 l kochendes Wasser
1 kleiner Wirsingkopf
400 g Blutwurst
4 Blätter fertiger Strudelteig
Zum Bestreichen:
40 g flüssige Butter

Zubereitung
Den Backofen auf 200° C vorheizen. Die in Würfel geschnittene Zwiebel in einem Topf mit dem Schmalz andünsten. Den geschälten, geraspelten Apfel und das Sauerkraut dazugeben, mit kochendem Wasser übergießen (dadurch wird das Kraut schön weiß!). Die Gewürze in ein Säckchen füllen und das Kraut mit Salz und Zucker abschmecken. Zugedeckt ca. 30 Min. garen. Zum Schluss das Kraut mit der geschälten, geriebenen Kartoffel binden und gut durchkochen lassen, damit die Kartoffel verkocht. Das fertige Kraut abkühlen lassen. 4 Wirsingblätter in Salzwasser blanchieren und in Eiswasser abschrecken. Die Blutwurst in Stücke schneiden und mit dem abgetropften Sauerkraut umwickeln, jeweils in ein blanchiertes Wirsingblatt einschlagen und in den Strudelteig einrollen (am besten 4 Portionsstücke formen). Die Strudelstücke mit flüssiger Butter bestreichen und 20 Minuten backen.

Pikante Krauttäschchen

Zutaten
2 Möhren
2 Stangen Lauch
2 EL Butter
Salz, schwarzer Pfeffer
500 g Sauerkraut
100 ml trockener Weißwein
1 Paket TK-Blätterteig
1 Ei
Für den Kräuterdip:
300 g Jogurt
150 g saure Sahne
1 Bund Schnittlauch
1 Bund Petersilie
Paprikapulver

Zubereitung

Den Backofen auf 200° C vorheizen. Die fein geraspelten Möhren sowie den in feine Ringe geschnittenen Lauch in einem Topf mit der Butter anbraten. Das klein geschnittene Sauerkraut hinzugeben und mit Salz und frisch gemahlenem Pfeffer abschmecken. Den Weißwein dazugeben und 15 Minuten zugedeckt bei kleiner Flamme dünsten. Dann auskühlen lassen. Den Blätterteig auftauen lassen und dünn ausrollen. In ca. 12 cm große Quadrate schneiden und 1-2 EL Sauerkrautmasse auf einen Teil des Blätterteigs geben. Das Ei trennen. Die Ränder mit etwas Eiweiß bestreichen, den anderen Teil des Teiges darüber geben und gut andrücken. Das Eigelb verquirlen, die Teigtaschen damit bestreichen, mit Kümmel bestreuen und auf ein gefettetes Backblech geben. Im vorgeheizten Backofen auf der untersten Schiene ca. 20 Minuten backen und heiß servieren.

Für den Kräuterdip Schittlauch und Petersilie fein schneiden, mit den übrigen Zutaten verrühren und abschmecken.

Kleine, feine Vorspeisen ...

Scampi-Spieße auf Sauerkrautbutter

Zutaten
Für die Marinade:
1 EL Koriander
4 EL Olivenöl
2 TL Senf
Außerdem:
16 gekochte, geschälte Scampi
250 ml Sauerkrautsaft
250 ml Fischfond
50 g kalte Butter
Salz, weißer Pfeffer
Zum Garnieren:
Chinakohlblätter

Zubereitung
Die Marinade aus Koriander, Öl und Senf anrühren, dann mit den Scampi vermengen. Im Kühlschrank zugedeckt 2-4 Stunden lang ziehen lassen. Den Sauerkrautsaft mit Fischfond in einen Topf geben und einkochen lassen (reduzieren). Vom Herd nehmen, mit der kalten Butter aufschlagen und mit Salz und frisch gemahlenem Pfeffer abschmecken. Die Chinakohlblätter waschen, abtropfen lassen, auf die Teller legen und die Sauce auf die Salatblätter gießen.
Die Scampi auf Spieße stecken und darauf legen, mit frischem Baguette servieren.

MINI-QUICHES MIT SAUERKRAUT

MINI-QUICHES MIT SAUERKRAUT

Schwierigkeitsgrad

Vorbereitung: 10 Min.
Zubereitungszeit: 25 Min.

Zutaten für

- 1 Pkg. Flammkuchenteig (260 g)
- Mehl
- 1 rote Zwiebel (40 g)
- 2 EL Mazola Maiskeimöl
- 400 g Sauerkraut
- 1 Beutel KNORR Kaiser Teller Knoblauchcreme Suppe
- 3 Eier
- 60 g Bergkäse (gerieben)
- Thymian

Für Ernährungsbewusste: pro Portion kcal 472 / EW 21 g / Fett 28 g / KH 32 g

Zubereitung:

1. Backrohr auf 190 °C vorheizen. Tarteförmchen (Ø 10 cm) mit Backpapier auslegen. Teig aufrollen und das Papier abziehen. Teig auf eine mit Mehl bestreute Arbeitsfläche legen und daraus 4 Scheiben (Ø 14 cm) ausstechen und die Förmchen damit auslegen.
2. Zwiebel schälen, in Mazola Maiskeimöl anschwitzen, mit ⅛ l Wasser aufgießen und aufkochen. Kraut und KNORR Kaiser Teller Knoblauchcreme Suppe untermischen und zugedeckt ca. 5 Min. dünsten. Kraut vom Herd nehmen und abkühlen lassen.
3. Eier und Käse untermischen, Masse in den Förmchen verteilen und im Backrohr (untere Einschubleiste/Rost) ca. 30 Min. backen. Mit Thymian dekoriert servieren.

Elisabeth Strunz empfiehlt:
Die Krautmischung kann man vor dem Abfüllen mit 100 g klein geschnittenem Frühstücksspeck oder Schinken verrühren.

Krautküchlein mit Räucherlachstatar

(für 12-16 Küchlein je nach Größe)

Zutaten
Für den Teig:
200 g Mehl
1 Msp. Salz
1/4 l helles Bier
4 Eier
1 EL TK-Schnittlauch
1 Dose Champagnerkraut, fertig gekocht (400 g)
Zum Braten:
Butterschmalz

Außerdem:
200 g Räucherlachs
1 Schalotte
1 Bund Dill
Salz
schwarzer Pfeffer
Zucker
1 TL Speiseöl

Zubereitung
Aus Mehl, Salz, Bier, Eiern und Schnittlauch einen Pfannkuchenteig rühren. 30 Minuten ruhen lassen. Das Sauerkraut gut abtropfen lassen, klein schneiden und unter den Teig rühren. Butterschmalz in einer Pfanne erhitzen und kleine Küchlein aus dem Teig backen. Für das Tatar den Räucherlachs fein würfeln. Die Schalotte schälen und hacken. Den Dill waschen, trockenschütteln und hacken. Den Lachs, Schalotte und Dill mischen und mit Salz, frisch gemahlenem Pfeffer und Zucker abschmecken. Das Öl unterziehen und das Tatar auf den Küchlein als Vorspeise servieren.

Kleine, feine Vorspeisen ...

Gefüllte Krautkartoffeln

Zutaten
8 mittelgroße, ovale Kartoffeln
200 g Sauerkraut
100 g Räucherlachs
1 Bund Dill
Salz
schwarzer Pfeffer
100 g geriebener Emmentaler

Zubereitung
Den Backofen auf 180° C vorheizen.
Die Kartoffeln schälen und in Salzwasser gar kochen. Etwas abkühlen lassen und in Längsrichtung aushöhlen. Das Sauerkraut klein schneiden und den Lachs fein würfeln. Beides mit der Kartoffelmasse vermischen. Den Dill waschen, hacken und zufügen, mit Salz und frisch gemahlenem Pfeffer abschmecken. Die Masse in die Kartoffeln füllen und mit Käse bestreuen. Im vorgeheizten Backofen 30 Minuten backen.
Heiß mit einem Gurkensalat servieren.

Kleine, feine Vorspeisen ...

Bratäpfel mit Sauerkrautfüllung

Zutaten
4 Äpfel (z. B. Boskoop)
60 g Sauerkraut
60 g Kasseler
4 Wacholderbeeren
1/4 TL edelsüßes Paprikapulver
1/4 l Bier
150 g Crème fraîche

Zubereitung
Den Backofen auf 200° C vorheizen.
Von den Äpfeln einen kleinen Deckel abschneiden, das Kerngehäuse entfernen und die Äpfel etwas aushöhlen. Das Sauerkraut und das Kasseler fein schneiden, mit den zerdrückten Wacholderbeeren, Paprikapulver und 1 TL von der Crème fraîche vermischen, dann in die Äpfel füllen. Das Bier in eine feuerfeste Form gießen und die Äpfel hineinsetzen. Jeweils 1 TL Crème fraîche auf die Äpfel setzen. Die Äpfel zugedeckt im vorgeheizten Backofen ca. 35 Minuten garen. Nach der Garzeit die Äpfel aus der Form nehmen. Das Bier mit der restlichen Crème fraîche verrühren und noch etwas einkochen lassen.
Die Äpfel mit der Sauce als Beilage oder Zwischengericht servieren.

Badischer Sauerkrautauflauf

Zutaten
100 g Hörnchennudeln
3 Zwiebeln
2 EL Butterschmalz
1 Dose Sauerkraut (550 g)
2 Äpfel (z. B. Boskoop)
700 g Seelachsfilet
2 EL Zitronensaft
Für die Form:
1 TL Butter
Für den Guss:
4 Eier
300 g Crème double
4 dl Korn
schwarzer Pfeffer
1 Prise Muskatnuss
2 EL TK-Petersilie

Zubereitung
Den Backofen auf 200° C vorheizen.
Die Nudeln in Salzwasser bissfest kochen, abtropfen lassen. Die Zwiebeln schälen, hacken und in Butterschmalz andünsten. Das Sauerkraut abtropfen lassen. Die Äpfel schälen, raffeln und mit dem Sauerkraut vermischen. Den Fisch in Streifen schneiden und im Zitronensaft marinieren. Eine feuerfeste Form ausbuttern. Die Nudeln, Sauerkraut, Zwiebeln und Fischstücke im Wechsel einschichten, mit Fisch abschließen. Die Eier mit Crème double und dem Korn verquirlen. Mit frisch gemahlenem Pfeffer und Muskatnuss abschmecken, die Petersilie unterrühren und die Sauce über den Auflauf gießen. Im vorgeheizten Backofen 40 Minuten backen.

Sauerkraut-Lasagne mit Lachs

Zutaten
2 l Wasser, Salz
2 EL Sonnenblumenöl
200 g fertige Lasagneblätter
2 Zwiebeln, 1 Knoblauchzehe, 30 g Butter
1 Dose Ananaskraut, fertig gekocht (400 g)
450 g Lachsfilet, 2 EL gehackter Dill
Für die Sauce:
2 Schalotten, 40 g Butter, 40 g Mehl
1/4 l Milch, 250 g süße Sahne, Salz, weißer Pfeffer, 1/2 TL Zucker, 3 EL Zitronensaft
Für die Form:
1 TL Butter

Zubereitung

Den Backofen auf 180-200° C vorheizen. Das Wasser mit Salz und dem Öl zum Kochen bringen, die Lasagneblätter einzeln einlegen und ca. 15 Minuten garen. Kalt abschrecken, gut abtropfen lassen. Die Zwiebeln und die Knoblauchzehe schälen und hacken, in Butter glasig dünsten. Das Sauerkraut abtropfen lassen, sehr fein schneiden, zu den Zwiebeln geben und einige Minuten dünsten. Den Lachs in dünne Scheiben schneiden, mit Dill bestreuen und zugedeckt kühl stellen. Für die Sauce die Schalotten schälen, hacken und in Butter andünsten. Das Mehl zufügen und ca. 2 Minuten anschwitzen. Die Milch und die Sahne mit dem Schneebesen unterrühren und die Sauce 5 Minuten köcheln lassen. Mit Salz, frisch gemahlenem Pfeffer Zucker und Zitronensaft abschmecken. Eine feuerfeste Form ausbuttern, Lasagneblätter, Sauerkraut, Lachs und Sauce im Wechsel einschichten, mit der Sauce abschließen. Im vorgeheizten Backofen 35-40 Minuten backen. Zu der Lasagne einen frischen, knackigen Salat servieren.

Sauerkraut-Lasagne

Zutaten
2 l Wasser
Salz
1 EL Öl
250 g Lasagneblätter
Für die Füllung:
500 g Sauerkraut
2 rote Paprikaschoten
250 g gekochter Schinken
2 Zwiebeln
50 g Butter
1/8 l trockener Weißwein
200 g Crème fraîche
200 g saure Sahne
2 EL Tomatenmark
Salz, schwarzer Pfeffer
1-2 EL Zucker
Für die Form:
1 EL Butter

Außerdem:
30 g geriebener Emmentaler

Zubereitung

Den Backofen auf 180° C vorheizen.
Das Wasser mit Salz und Öl zum Kochen bringen, die Lasagneblätter einlegen, aufkochen und vorsichtig umrühren. Bei geringer Hitze mit geöffnetem Deckel 8 Minuten kochen lassen, dann in ein Sieb gießen und mit kaltem Wasser abschrecken, beiseite stellen. Für die Füllung das Sauerkraut abtropfen lassen und mit einer Gabel auflockern. Die Paprikaschoten waschen, putzen, halbieren, entkernen und in Streifen schneiden. Den Schinken würfeln. Die Zwiebeln schälen und ebenfalls würfeln. Die Butter in einem Topf erhitzen. Das Sauerkraut, die Zwiebeln und die Paprikaschoten mit dem Schinken andünsten. Mit dem Weißwein aufgießen und 15 Minuten garen. Danach die Crème fraîche, die saure Sahne und das Tomatenmark hinzufügen. Mit Salz, frisch gemahlenem Pfeffer und Zucker abschmecken. Eine längliche Auflaufform einfetten. Abwechselnd die Lasagneblätter und

Sauerkraut einschichten, als oberste Schicht Sauerkraut. Mit dem Käse bestreuen und im vorgeheizten Backofen 30-40 Minuten backen.

Ananaskrautauflauf
(für 1 Person)

Zutaten
2 mittelgroße Kartoffeln
1/8 l Instantbrühe
Salz
2 EL Kaffeesahne

Für die Form:
1 EL Butter
150 g Ananaskraut
Nelkenpulver
Zucker

Zubereitung
Den Backofen auf 200° C vorheizen.
Die Kartoffeln in Stücke schneiden und mit einer Tasse Brühe im zugedeckten Topf garen. Die Kartoffeln pürieren, salzen und mit der Kaffeesahne mit einem Schneebesen cremig rühren. Das Ananaskraut in einer feuerfesten, mit Butter ausgefetteten Form locker verteilen, mit einer Prise Nelkenpulver und etwas Zucker abschmecken. Das Kartoffelpüree darauf verteilen und im Backofen 30-40 Minuten überbacken.

Leckeres aus ...

Sauerkrautpastete

Zutaten
Für den Teig:
250 g Mehl Type 405
125 g kalte Butterflöckchen
2 Eier
1 Prise Salz
2-3 EL Milch
Außerdem:
1 Dose Sauerkraut (550 g)
1/8 l Federweißer oder trockener Weißwein
3 säuerliche Äpfel (z. B. Boskoop)
2 EL Zucker
1 Dose ganze Maronen/Esskastanien (285 g)
Für die Form:
1 TL Butter
1 Eigelb
2 EL geriebener Käse

Zubereitung
Den Backofen auf 180-200° C vorheizen.
Aus den angegebenen Zutaten einen glatten Teig kneten. Zugedeckt 30 Minuten kühl stellen. Das Sauerkraut im Wein 15 Minuten dünsten. Die Äpfel schälen, vierteln, entkernen und in Scheiben schneiden. Mit dem Zucker in etwas Wasser nicht zu weich dünsten. Die Maronen halbieren. Eine Auflaufform mit Butter einfetten und im Wechsel Sauerkraut, Äpfel und Maronen einschichten. Mit Sauerkraut abschließen. Den Teig ausrollen und als Deckel auf das Sauerkraut legen. Das Eigelb verquirlen, den Teig damit bestreichen und den Käse darüber streuen. Im vorgeheizten Backofen 40 Minuten backen. Wenn die Pastete zu sehr bräunt, mit Pergamentpapier abdecken.
Dazu passt ein Glas Federweißer oder spritziger Weißwein.

Leckeres aus ...

Holsteiner Krautpastetchen

Zutaten
200 g Frischkost-Sauerkraut
4 fertige Blätterteigpasteten
1 reife Avocado
1 Glas Soja- oder andere Würstchen
1 Glas süßsaurer Kürbis
Sojasauce
Saft von 1/2 Zitrone
Salz
schwarzer Pfeffer
Zum Garnieren:
1 Bund gehackter Dill

Zubereitung
Das Sauerkraut klein schneiden. Die Soja-Würstchen in Scheiben schneiden. Die Avocado halbieren, den Kern entfernen und das Fruchtfleisch mit einem Löffel herausnehmen und klein hacken. Den süßsauren Kürbis aus dem Glas nehmen und abtropfen lassen. Alles in einen Topf geben, mit Sojasauce, Zitronensaft, Salz und frisch gemahlenem Pfeffer abschmecken, gut verrühren und auf kleiner Stufe erwärmen. Die Pastetchen im Backofen heiß machen und mit der Masse füllen.
Mit gehacktem Dill bestreuen und heiß servieren.

Gefüllte Blätterteigtaschen

Zutaten
4 TK-Blätterteigplatten
Für die Füllung:
500 g Hähnchenbrustfilet
50 g Mehl
2 Zwiebeln
1 EL Butter
1/8 l weißer Traubensaft
Saft von 1/2 Zitrone
Salz
1 Prise Muskat

3 EL süße Sahne
100 g Frischkost-Sauerkraut
Zum Bestreichen:
1 Eigelb
1 EL Milch
Zum Garnieren:
frische Rosmarinzweige

Zubereitung
Den Backofen auf 200° C vorheizen.
Den Blätterteig nach Anweisung auf der Packung auftauen. Für die Füllung das Hähnchenfleisch in 1 cm große Würfel schneiden und mit Mehl bestäuben.
Die Zwiebeln schälen, in Würfel schneiden und in Butter andünsten. Das Hähnchenfleisch zugeben und unter Wenden goldgelb anbraten. Dann den Trauben- und Zitronensaft zugeben und 8-10 Minuten garen. Das Ragout mit Salz, Muskat und Sahne verfeinern, etwas abkühlen lassen. Ein Drittel vom Ragout mit zerkleinertem Sauerkraut mischen. Jede Teigplatte zu doppelter Größe ausrollen, eine Hälfte davon mit der Kraut-Fleischmischung belegen. Das Eigelb mit der Milch verquirlen und die Ränder damit bestreichen. Die andere Teighälfte darüber klappen und die Ränder festdrücken. Die Teigtaschen mit der restlichen Eimilch bestreichen, auf ein mit Wasser benetztes Backblech legen und im vorgeheizten Backofen ca. 20 Minuten goldbraun backen. Die Blätterteigtaschen zusammen mit dem übrigen, nochmals erwärmten Ragout auf vorgewärmten Tellern anrichten und mit Rosmarinzweigen garnieren.

Leckeres aus ...

Kraut-Monde

Zutaten
Für den Teig:
500 g Kartoffelpüree (selbst gemacht oder als Fertigprodukt), 400 g Mehl Type 405
1 Päckchen Backpulver, 2 Eier
Für die Füllung:
2 große Zwiebeln, 1 EL Butterschmalz
250 g Hackfleisch vom Rind
250 g Weinsauerkraut, Salz, schwarzer Pfeffer
1/2 TL Kümmel, 2 Eier, 2 EL fertige Zigeunersauce
Zum Bestreichen:
1 Ei, Salz, 50 g Sonnenblumenkerne
50 g Sesamsamen
Zum Garnieren:
Salatblätter

Zubereitung
Den Backofen auf 200° C vorheizen.
Alle Teigzutaten in eine Schüssel geben, mit dem Knethaken des Handrührgerätes gut durcharbeiten und 60 Minuten kalt stellen. Die klein geschnittenen Zwiebeln in Butterschmalz andünsten, das Hackfleisch dazugeben und gut durchbraten. Das klein geschnittene Sauerkraut hinzufügen, erhitzen und mit Salz, frisch gemahlenem Pfeffer und Kümmel abschmecken. Die Sauerkrautmasse in eine Schüssel geben, die Eier mit der Zigeunersauce verquirlen und unter die Masse rühren, dann erkalten lassen. Aus dem Teig kleine Klöße abstechen (ca. 100 g) und auf einer mit Mehl bestäubten Arbeitsfläche dünn ausrollen. Mit einem runden Ausstecher Kreise (von 14 cm Durchmesser) ausstechen. Eine Hälfte mit der Sauerkraut-Hackfleischmasse belegen (3 EL pro Kreis), die freie Hälfte darüber klappen, an den Rändern festdrücken und zu einem Halbmond formen. Mit dem verquirlten Ei bestreichen und abwechselnd mit Sesamsamen und Sonnenblumenkernen bestreuen. Auf einem gefetteten Backblech im vorgeheizten Backofen auf der untersten Schiene ca. 30 Minuten goldbraun backen.
Die Kraut-Monde auf Salatblättern anrichten und heiß servieren.

Leckeres aus ...

Pfannkuchen mit Sauerkrautfüllung

Zutaten
Für den Teig:
250 g Vollkornmehl
2 Eier (getrennt)
400 ml Mineralwasser
1/2 TL Paprikapulver
4 EL Sonnenblumenöl, Salz
Zum Ausbacken:
Sonnenblumenöl
Für die Füllung:
500 g Frischkost-Sauerkraut
250 g säuerliche Äpfel
1 Zwiebel
2 Rauchwürstchen
1 EL Sonnenblumenöl
1/2 TL Kümmel
Zum Garnieren:
einige Zweige Blattpetersilie

Zubereitung
Aus den Zutaten (Eiweiß beiseite stellen) einen Teig rühren und ca. 30 Min. quellen lassen. Anschließend das Eiweiß steif schlagen und unterheben.
Das Öl in einer Pfanne erhitzen und 4 Pfannkuchen ausbacken. Das Sauerkraut zerpflücken. Die Äpfel schälen, vierteln und entkernen, die Zwiebel schälen und beides in Würfel schneiden. Die Rauchwürstchen in dünne Scheiben schneiden. Das Öl in einer Pfanne erhitzen und die Zwiebeln anbraten, Sauerkraut, Würstchen, Apfelwürfel und Kümmel zugeben. Alles zusammen 10 Min. garen, eventuell etwas Wasser zugeben. Die Pfannkuchen mit der Sauerkraut-Gemüse-Mischung füllen und vor dem Servieren mit gewaschenen Petersilienzweigen garnieren.

Sauerkrauttaschen mit Paprikasauce

(für 16 Stück)

Zutaten
2 Pakete TK-Blätterteig (à 300 g), 300 g Sauerkraut
40 g Butter, 1/2 TL gemahlener Kümmel, 1 EL Paprikapulver, 1 EL Zucker
schwarzer Pfeffer
150 ml Wasser
1 Würfel klare Gemüsesuppe
250 g Pellkartoffeln
2 EL Crème fraîche
2 Eier

1/2 Bund Petersilie
Backpapier
Für die Paprikasauce:
3 rote Paprikaschoten
350 ml Wasser, 1 Würfel klare Gemüsesuppe
3 EL Tomatenmark
1 Prise Zucker
schwarzer Pfeffer

Zubereitung

Den Backofen auf 200° C vorheizen.

Den Blätterteig auftauen. Das Sauerkraut abtropfen lassen, klein schneiden und in der Butter andünsten. Mit Kümmel, Paprikapulver, Zucker und frisch gemahlenem Pfeffer abschmecken. Das Wasser zugeben, zum Kochen bringen und den Würfel Gemüsesuppe darin auflösen. Zugedeckt ca. 20 Min. kochen und abkühlen lassen. Die Kartoffeln schälen, mit der Gabel zerdrücken und mit Crème fraîche und 1 Ei verrühren. Die Petersilie waschen, klein schneiden, dann zusammen mit der Kartoffelmasse zum Sauerkraut geben und mischen. Die Teigplatten einzeln zu einem Rechteck (24 x 12 cm) ausrollen und einmal durchschneiden. 1 EL Füllung auf jedes Teigstück geben.

1 Ei verquirlen und die Teigränder damit bestreichen. Die Teigstücke zu Dreiecken zusammenklappen.

Gut festdrücken und mit dem restlichen verquirlten Ei bestreichen. Die Taschen auf ein mit Backpapier ausgelegtes Backblech legen und im Backofen 20-25 Min. backen.

Für die Paprikasauce die Paprikaschoten putzen, waschen, in kleine Stücke schneiden und in Butter andünsten. 4 EL der gedünsteten Paprikastücke zurückbehalten. Das Wasser zugeben, zum Kochen bringen und den Würfel Gemüsesuppe darin auflösen. Das Tomatenmark unterrühren und mit Zucker und frisch gemahlenem Pfeffer abschmecken, 5 Minuten kochen lassen. Im Mixer pürieren, die zurückbehaltenen Paprikastücke unterheben und die Sauce zu den Sauerkrauttaschen servieren.

Leckeres aus ...

Herzhafte Krautpfanne

Zutaten
100 g durchwachsener Speck
1 EL Zucker
2 Zwiebeln
750 g Sauerkraut
1 TL Kümmel
300 g Nürnberger Rostbratwürstchen
1 EL Öl
250 g saure Sahne
2 TL edelsüßes Paprikapulver
2 TL Rosenpaprika
Salz
1 EL Speisestärke oder Saucenbinder

Zubereitung
Den Speck in Würfel schneiden und in einer Pfanne auslassen. Den Zucker zum Speck geben und unter Rühren auflösen. Die Zwiebeln schälen und in Scheiben schneiden, zum Speck geben und goldbraun anrösten. Das Sauerkraut auflockern, in die Pfanne geben, mit Kümmel abschmecken und 30 Minuten garen. Die Rostbratwürstchen in Öl 6 Minuten braten. Die saure Sahne mit Paprikapulver, Salz und Speisestärke vermischen, unter das Kraut rühren, nochmals aufkochen lassen und heiß mit den Bratwürstchen servieren. Als Beilage Salzkartoffeln reichen.

Gefüllte Paprikaschoten mit Sauerkraut

Zutaten

4 große Paprikaschoten, Salz, 500 g Sauerkraut, 2 EL Butterschmalz, 5 Wacholderbeeren, 1 Lorbeerblatt, 200 ml trockener Weißwein, 1 mittelgroße Kartoffel, 8 Walnusskerne, 200 g süße Sahne, 2 Zwiebeln, 2 Knoblauchzehen, 2 EL Butterschmalz, 400 g Rinderhackfleisch, Salz, schwarzer Pfeffer, edelsüßes Paprikapulver

Für die Sauce:

4 mittelgroße Tomaten, 2 EL Öl, 1/4 l trockener Weißwein, Salz, schwarzer Pfeffer, 1/2 Bund Basilikum, 1/2 Bund Petersilie

Zubereitung

Den Backofen auf 220° C vorheizen. Die Paprikaschoten quer halbieren, entkernen, Strunk nicht entfernen. 10 Minuten in Salzwasser kochen, im kalten Wasser abschrecken, gut abtropfen lassen. Das Sauerkraut in dem Butterschmalz andünsten, die Wacholderbeeren, das Lorbeerblatt und den Wein dazugeben, alles 15 Minuten garen. Die Kartoffel schälen und in das Sauerkraut reiben, die Walnüsse grob hacken und mit der Sahne dazugeben, dann aufkochen lassen. Die Zwiebeln schälen und fein hacken. Die Knoblauchzehen schälen und durch die Presse drücken. Das Butterschmalz in einer Pfanne erhitzen und die Hälfte der Zwiebelwürfel und der Knoblauchzehen darin dünsten. Die andere Hälfte beiseite stellen. Das Hackfleisch dazugeben und einige Minuten mitbraten. Die Sauerkrautmasse daruntermischen, mit Salz, frisch gemahlenem Pfeffer und dem Paprikapulver abschmecken. Die Paprikahälften mit der Masse füllen. In eine feuerfeste, gebutterte Form einsetzen. Für die Sauce die Tomaten kurz in kochendes Wasser tauchen, abschrecken, schälen, halbieren, entkernen und dann in grobe Stücke schneiden. Die beiseite gestellten Zwiebelwürfel und den Knoblauch in einem Topf mit dem erhitzten Öl andünsten. Die Tomatenstücke zugeben und mit dem Wein aufgießen. Mit Salz und frisch gemahlenem Pfeffer abschmecken. Das Basilikum und die Petersilie waschen, klein hacken, dann ebenfalls zur Sauce geben. Die Sauce zu den Paprikaschoten geben und alles im vorgeheizten Backofen ca. 15-20 Minuten garen.

Sauerkrautküchlein
(für 12 Förmchen)

Zutaten
250 g Mehl (Type 405)
125 g kalte Butter
2 Eier, 1 Prise Salz
2-3 EL Milch
1 Dose Sauerkraut (400 g)
3 Schalotten
2 EL Speiseöl
20 g Butter
1 TL Kümmel
Für die Tortelettförmchen:
Butter
Außerdem:
100 g süße Sahne
3 Eier, Salz
schwarzer Pfeffer

Zubereitung
Aus Mehl, Butterflöckchen, Eiern, Salz und Milch einen glatten Teig kneten. Zugedeckt 30 Minuten kühl stellen. Das Sauerkraut abtropfen lassen und klein schneiden. Die Schalotten schälen und würfeln. Öl und Butter erhitzen, Schalotten und Sauerkraut darin andünsten, den Kümmel unterheben. Das Kraut auf Küchenkrepp ausbreiten und trockentupfen. 12 Tortelettförmchen (8 cm Durchmesser) sehr gut ausbuttern. Den Teig ausrollen und die Förmchen damit auskleiden. Das Sauerkraut hineingeben. Die Sahne und Eier verquirlen, mit Salz und frisch gemahlenem Pfeffer abschmecken und über das Sauerkraut gießen. Im vorgeheizten Backofen bei 210° C 15-20 Minuten backen. Nur kurz abkühlen lassen und die Küchlein vorsichtig aus den Formen lösen.
Warm oder kalt als Party-Snack servieren.

Blechkuchen mit Rahmsauerkraut

Zutaten
Für den Teig:
125 g weiche Butter
1 Ei, 2-3 EL Milch
300 g Mehl Type 405
1 Prise Salz
Für den Belag:
600 g Sauerkraut
200 g durchwachsener Speck in Scheiben
1 EL Öl, 4 EL Apfelsaft
1/4 l Gemüsebrühe (Instant)
1 EL mittelscharfer Senf
edelsüßes Paprikapulver
200 g süße Sahne
Salz, Zucker, Cayennepfeffer
1 Bund Schnittlauch, 2 Eier
250 g Tilsiter mit Kümmel

Zubereitung
Den Backofen auf 200° C vorheizen.
Aus der Butter, Ei, Milch, Mehl und einer Prise Salz rasch einen glatten Mürbeteig kneten und im Kühlschrank 60 Min. ruhen lassen. Das Sauerkraut gut ausdrücken. Den Speck fein würfeln und im heißen Öl knusprig braten. Das Kraut zugeben, mit Apfelsaft und Brühe ablöschen und 5 Min. zugedeckt dünsten. Mit Senf und Paprikapulver abschmecken, die Sahne zugeben und offen 3-4 Minuten dicklich einkochen lassen. Mit Salz, Zucker und Cayennepfeffer abschmecken, dann ganz auskühlen lassen. Den Schnittlauch in Röllchen schneiden und mit den Eiern unter die ausgekühlte Masse geben. Den Mürbeteig ausrollen und auf ein mit Butter gefettetes und leicht bemehltes Backblech legen. Mit einer Gabel gleichmäßig einstechen und die Sauerkrautmasse darauf verteilen. Den Tilsiter in Stücke rupfen und auf dem Blechkuchen verteilen. Im heißen Ofen auf der untersten Schiene 35-40 Min. backen. Der Blechkuchen ist fertig, wenn er goldgelb gebacken ist.
Mit Tomatensalat serviert, ergibt der Kuchen ein komplettes Mittagessen.

Gefüllte Sauerkraut-Crêpes
(für 4-6 gefüllte Crêpes)

Zutaten
3 Eier
1 Prise Salz
1/4 l Milch
100 g Mehl
2 EL zerlassene Butter
Zum Braten und Dünsten:
Butterschmalz
1 Dose Sauerkraut (300 g)
150 g Crème fraîche
1 EL TK-Dill
4-6 dünne Scheiben Räucherlachs

Zubereitung
Die Eier, Salz und Milch verquirlen. Das Mehl darüber sieben und unterziehen. Die zerlassene Butter zufügen und unterrühren. Den Teig eine Stunde zugedeckt ruhen lassen. Das Butterschmalz in einer Pfanne erhitzen und nacheinander 4-6 dünne Crêpes backen. Das Sauerkraut gut abtropfen lassen, klein schneiden und in Butterschmalz 15-20 Minuten dünsten, auskühlen lassen. Die Crème fraîche und Dill verrühren, Sauerkraut dazugeben und die Masse auf den Crêpes verteilen. Die Räucherlachsscheiben darauf legen, die Crêpes zusammenrollen und einige Stunden kalt stellen.
In Scheiben schneiden und mit Feldsalat dekoriert servieren.

Sauerkrautstrudel

Zutaten
Füllung:
1 kg Sauerkraut
1 Zwiebel, 300 g Nürnberger Rostbratwürstchen
1 EL Öl, 2 EL Mehl
1/8 l Fleischbrühe
4 EL Essig, 4 TL Kümmel
Salz, schwarzer Pfeffer
1 EL brauner Zucker
1 fertiger Strudelteig
200 g saure Sahne
1 Eigelb, 3 EL Milch

Zubereitung
Den Backofen auf 200° C vorheizen. Für die Füllung die Zwiebel schälen und würfeln. Die Rostbratwürstchen in Scheiben schneiden. Das Öl in einen großen Topf geben, die Würstchen und die Zwiebelwürfel darin anbraten. Das Sauerkraut zugeben, unterrühren und 12 Min. garen. Die Fleischbrühe zugießen und weitere 12 Minuten dünsten, hin und wieder umrühren. Mit Essig, Kümmel, frisch gemahlenem Pfeffer, Salz und Zucker abschmecken, abkühlen lassen. Den Teig auseinander falten und auf ein bemehltes Küchentuch legen. Die Füllung auf dem Teig verteilen und die verrührte saure Sahne darüber gießen, sodass ringsum ein Rand von 2 cm frei bleibt. Das Geschirrtuch leicht anheben und den Teig von der Längsseite her locker zusammenrollen. Die Teigenden zusammendrücken und unter den Strudel schieben. Ein Backblech mit Backpapier auslegen und den Strudel mit der Naht nach unten auf das Blech legen. Das Eigelb mit der Milch verrühren und den Strudel damit bestreichen. Im vorgeheizten Backofen 35-40 Minuten backen.

Tipp: Als Füllungsvariante eignen sich auch andere Gemüsesorten wie z. B. Lauch, Möhren, Kohlrabi, Wirsing, Mangold usw.

Sauerkraut-Torte
(für eine Springform)

Zutaten
Für den Teig:
150 ml lauwarmes Wasser
10 g frische Hefe
1 TL Salz
200 g fein gemahlener Weizen
20 g weiche Butter
Für den Belag:
100 g Lauch
100 g Zwiebeln
400 g Frischkost-Sauerkraut
2 EL Butter
150 g Speck
150 g Crème double
2 Eier
Salz
schwarzer Pfeffer
Kümmel
200 g Greyerzer

Zubereitung
Den Backofen auf 200° C vorheizen.
Aus den Zutaten für den Teig einen Vollkorn-Hefeteig herstellen und eine gebutterte Springform damit auslegen. Den Lauch waschen, putzen und in Ringe schneiden, die Zwiebeln schälen, würfeln und zusammen mit dem Sauerkraut kurz in Butter dünsten. Den Speck in Streifen schneiden und anbraten. Die Crème double, Eier, Salz, Pfeffer und Kümmel verrühren und mit Sauerkraut, Lauch und Speck mischen. Die Masse auf den Hefeteig geben, mit fein geriebenem Greyerzer Käse bestreuen und ca. 30 Minuten backen.

Sauerkrautkuchen

Zutaten
Für den Teig:
250 g Mehl Type 405
125 g kaltes Schweineschmalz
100 ml Wasser
Salz
Für die Form:
1 TL Butter
Für den Belag:
1 Dose Sauerkraut (550 g)
250 g Salami in Scheiben
schwarzer Pfeffer
5 Eigelbe
350 g süße Sahne
Salz

Zubereitung

Aus den angegebenen Zutaten einen glatten Teig kneten. Zugedeckt 30 Minuten kühl stellen. Den Teig ausrollen und eine gebutterte Springform (24 cm Durchmesser) damit auslegen, einen 2-3 cm hohen Rand formen. Den Boden mit einer Gabel gleichmäßig einstechen. Das Sauerkraut gut abtropfen lassen und klein schneiden. Die Salami in Stücke oder Würfel schneiden und beides mischen. Mit frisch gemahlenem Pfeffer abschmecken und das Sauerkraut auf dem Teig verteilen. Die Eigelbe, Sahne und etwas Salz verquirlen, über das Sauerkraut gießen und das Ganze im vorgeheizten Backofen 35-40 Minuten backen. Den Kuchen warm mit grünem Salat servieren.

Sauerkrautsuppe mit Kaviar-Sahne-Häubchen

Zutaten
30 g geräucherter, durchwachsener Speck
1 EL Öl
2 kleine Schalotten
500 g Bio-Frischkost-Sauerkraut (Reformhaus)
1 3/4 l Gemüsebrühe (Instant)
1/8 l trockener Weißwein
Cayennepfeffer
Salz
Balsamico-Essig
100 g süße Sahne
50 g schwarzer deutscher Kaviar

Zum Bestreuen:
gehackte Petersilie

Zubereitung
Den Speck fein würfeln und in heißem Öl anbraten. Die Zwiebeln schälen, fein würfeln und zum Speck geben. Das Sauerkraut, die Brühe und den Wein zufügen. Alles zum Kochen bringen und 10 Minuten garen. Die Suppe mit Cayennepfeffer, Salz und Balsamico-Essig abschmecken. Die Sahne halb steif schlagen. Die Suppe in Teller füllen, Sahne und Kaviar darauf geben.
Mit Petersilie bestreuen und servieren.

Geeiste Sauerkrautsuppe mit mariniertem Dorsch

Sauerkrautsuppe
Zutaten
1/4 l Geflügelfond
75 ml Sauerkrautsaft
100 g Frischkost-Sauerkraut
100 g Kartoffelwürfel (festkochend)
50 g Gemüsewürfel aus: Lauch, Möhren Kaiserschoten und Sellerie
Salz, schwarzer Pfeffer
1 Prise Muskatnuss
20 g Crème fraîche
1 TL Schnittlauchröllchen

Zubereitung
Den Geflügelfond mit Sauerkrautsaft aufkochen. Das Sauerkraut fein schneiden und mit Kartoffelwürfeln zum Fond geben, dann bissfest garen. Die Gemüsewürfel dazugeben und aufkochen. Mit Salz, frisch gemahlenem Pfeffer und Muskat abschmecken. In eine Metallschüssel füllen und in Eiswasser rühren, dabei Crème fraîche und Schnittlauch zugeben, kalt stellen.

Tipp: Die Kartoffelwürfel sollten nach dem Schneiden nicht noch einmal gewässert werden, damit die Kartoffelstärke erhalten bleibt. Die Kartoffeln machen die Suppe leicht sämig.

Marinierter Dorsch
Zutaten
200 g Dorschfilet ohne Haut und Gräten
200 ml Fischfond
20 ml Estragonessig
20 g Zucker, 1 Sternanis
1 Lorbeerblatt
1 Thymianzweig
1 Estragonzweig
1 Petersilienzweig
2 Nelken
5 Wacholderbeeren
10 Pfefferkörner
2 Blatt Gelatine
500 g Frischkost-Sauerkraut, Salz

Zubereitung
Das Dorschfilet in 50-g-Stücke schneiden. Den Fischfond mit Essig, Zucker, Gewürzen sowie Kräutern aufkochen und salzen. 5 Minuten ziehen lassen und durchpassieren. Den Dorsch in dem Sud pochieren und dann kalt stellen. Die Gelatine 10 Minuten einweichen. Das Sauerkraut klein schneiden, in den Sud geben und aufkochen. Die ausgedrückte Blattgelatine zufügen und rühren, bis sie sich aufgelöst hat, nicht mehr kochen lassen. Eventuell nochmals mit Salz abschmecken und über den Fisch gießen, abdecken und über Nacht kalt stellen.
Den Dorsch zu der Sauerkrautsuppe servieren.

Sauerkrauteintopf mit Kabanos

Zutaten
125 g durchwachsener Räucherspeck
1 kleine Zwiebel
1 Knoblauchzehe
400 ml Fleischbrühe
250 g Sauerkraut
125 g Kasseler
1/2 grüne Paprikaschote
1/2 EL edelsüßes Paprikapulver, Tabasco
Salz, 125 g Kabanos
150 g Crème fraîche (frischer Landrahm)

Zubereitung
Den Räucherspeck fein würfeln und in einem großen Topf anbraten. Die Zwiebel und die Knoblauchzehe klein schneiden, dazugeben und dünsten, bis die Zwiebelwürfel glasig sind. Mit der Fleischbrühe auffüllen und das Ganze zum Kochen bringen. Das Sauerkraut sowie das klein gewürfelte Kasseler hinzugeben und die Suppe zugedeckt etwa 30 Minuten köcheln lassen. Die Paprikaschote waschen, putzen und die Kerne sowie die weißen Innenteile entfernen. Die Schote in feine Streifen schneiden, zur Suppe geben und das Ganze mit Paprikapulver, Tabasco und Salz abschmecken. Die Kabanos in dünne Scheiben schneiden, zufügen und bei schwacher Hitze in der Suppe 15 Minuten ziehen lassen.
Den Eintopf vom Herd nehmen, die Crème fraîche oder den frischen Landrahm cremig rühren und unterheben.

Kartoffel-Krautsuppe

Zutaten
250 g mehligkochende Kartoffeln
1 l Fleischbrühe (Instant)
1 Zwiebel
50 g Butter
500 g Frischkost-Sauerkraut
Salz
schwarzer Pfeffer
100 g Räucherspeck in Scheiben
4 EL Crème fraîche

Zubereitung
Die Kartoffeln schälen, in grobe Würfel schneiden und in der Fleischbrühe ca. 20 Minuten garen, danach mit dem Mixer pürieren. Die Zwiebel schälen, würfeln und in einem großen Topf in Butter andünsten. Das Sauerkraut mit einer Gabel lockern, klein schneiden und zu den Zwiebeln geben. Die Kartoffelsuppe zugießen, salzen, pfeffern und ca. 10 Minuten bei milder Hitze leicht kochen lassen. Inzwischen den Speck in Streifen schneiden und in einer Pfanne knusprig ausbraten. Die Crème fraîche unter die Kartoffel-Krautsuppe ziehen, in eine vorgewärmte Suppenterrine füllen und mit den Speckstreifen garnieren. Die Suppe mit ofenfrischem Baguette servieren.

Garnelen auf Sauerkrautsauce

Zutaten
20 TK-Garnelen in der Schale (ohne Kopf)
300 g Sauerkraut
400 g süße Sahne
Salz
weißer Pfeffer
20 g Knoblauchbutter

Zubereitung
Die Garnelen auftauen lassen. Das Sauerkraut abtropfen lassen, klein schneiden und in der Sahne zu einer dicklichen Sauce einkochen. Mit Salz und frisch gemahlenem Pfeffer abschmecken. Die Garnelen in der Knoblauchbutter 7 Minuten von allen Seiten braten. Aus der Schale lösen und auf der Sauerkrautsauce servieren.
Mit Bandnudeln oder knusprigem Baguette servieren.

Forelle auf Sekt-Sauerkraut

Zutaten
4 küchenfertige Forellen (à 350 g)
2 EL Zitronensaft, Salz
Für die Füllung:
80 g Butter, 8 Stängel Blattpetersilie
8 Stängel Dill
Für den Sud:
1 Bund Kräuter: Sellerieblätter, 2 Lorbeerblätter
Estragon, Blattpetersilie
1 l Wasser
Für die Käsesauce:
400 ml fertiger Fischfond, 1 TL Speisestärke
250 g Weiß-Blau-Käse, Salz
1 Prise Cayennepfeffer
Für das Sekt-Sauerkraut:
1 mittelgroße, fein gewürfelte Zwiebel
1 EL Butterschmalz, 400 g Weinsauerkraut
1/8 l trockener Wein, 1/8 l Sekt

Zubereitung
Die vorbereiteten und gewaschenen Forellen innen und außen mit Zitronensaft beträufeln und salzen. Die Bauchhöhle mit einem Stückchen Butter und je 2 Stängeln Blattpetersilie und Dill füllen. In einem großen Topf mit Dämpfeinsatz aus den Kräutern ca. 1 Liter kräftigen Sud kochen. Die gewürzten Forellen in den Dämpfeinsatz über dem Sud legen und etwa 15-20 Minuten im Dampf gar ziehen lassen. Nach dem Herausnehmen sofort die Haut an Kopf und Schwanz einschneiden und abziehen, dies geht ganz leicht, solange die Forelle heiß ist. Für die Sauce den fertigen Fischfond erhitzen, mit etwas angerührter Speisestärke binden und ohne Hitzezufuhr den klein gewürfelten Käse mit dem Schneebesen unterschlagen. Mit wenig Salz und etwas Cayennepfeffer abschmecken. Die Sauce durch ein Sieb passieren. Für das Sauerkraut die Zwiebelwürfel in Butterschmalz goldgelb andünsten, das Sauerkraut zugeben und mit dem Wein ablöschen. Etwa 5 Minuten bissfest dünsten und dann den Sekt darüber gießen, nun nicht mehr erhitzen. Jeweils auf eine kleine Platte eine Portion Sauerkraut schichten, eine enthäutete Forelle darauf setzen und mit etwas Käsesauce überziehen.

Leichte ...

Steinbutt mit Sauerkraut-Füllung auf bunten Linsen

Zutaten
Für die Sauerkraut-Füllung:
25 g Schalotten
25 g Butter
1 Lorbeerblatt, 1 Nelke
1 Thymianzweig
3 Wacholderbeeren
5 Pfefferkörner
100 ml Geflügelfond
150 g Frischkost-Sauerkraut
Salz
Zucker

Zubereitung
Die Schalotten klein würfeln und in der Butter mit den Gewürzen anschwitzen. Den Geflügelfond zugießen, aufkochen und 10 Minuten ziehen lassen. Das Sauerkraut im Gewürzsud ca. 20 Minuten dünsten, mit Salz und Zucker abschmecken. Zum Abkühlen beiseite stellen.

Steinbutt
Zutaten
400 g Steinbutt ohne Haut
50 g süße Sahne, Salz
weißer Pfeffer
2 große, festkochende Kartoffeln, Butterschmalz

Zubereitung
Den Steinbutt in 4 Portionen (à 80 g) schneiden. Den Rest (ca. 80 g) klein würfeln, salzen und mit der Sahne im Tiefkühlfach einfrieren. Anschließend eine glatte Masse herstellen und durch ein Sieb streichen. In den Steinbutt eine Tasche schneiden und diese mit Sauerkraut füllen, salzen und pfeffern. Dann mit der Masse dünn bestreichen und kühl stellen. Die geschälten Kartoffeln dünn aufschneiden und die Fischfilets damit belegen. Den Steinbutt im heißen Butterschmalz von beiden Seiten goldgelb braten.

Bunte Linsen
Zutaten
je 25 g rote, gelbe, grüne und braune Linsen
2 Schalotten
1 Thymianzweig
1 EL Butter
150 ml Geflügelfond
100 ml Fischfond
80 g Butterwürfel
50 g feine Gemüsewürfel: Lauch und Kaiserschoten
20 g eiskalte Butter
Salz, schwarzer Pfeffer
Balsamico-Essig
1 EL gehackter Kerbel
1 EL geschlagene Sahne

Zubereitung
Die Linsen waschen, in leicht gesalzenem Wasser bissfest blanchieren und abschrecken, dann trockentupfen und vermischen. Die Schalotten schälen, in feine Würfel schneiden und mit dem Thymianzweig in Butter anschwitzen. Mit Geflügel- und Fischfond aufgießen und einkochen lassen, dann beiseite stellen. Den

Thymianzweig entfernen und die kalte Butter mit dem Mixer einarbeiten, dann durchpassieren. Die Gemüsewürfel mit Butter anschwitzen, die Linsen hinzugeben, mit Butterfond auffüllen und erwärmen, nicht mehr kochen. Mit Salz, frisch gemahlenem Pfeffer, Balsamico-Essig, Kerbel und Sahne abschmecken. Die Linsen auf vorgewärmtem Teller anrichten, den Steinbutt darauf legen mit Dill und eventuell etwsa Selleriepüree und Möhren garnieren.

Seeteufel mit Senfsauce auf Speckkraut

Zutaten
Speckkraut:
600 g Frischkost-Sauerkraut
150 g durchwachsener Räucherspeck in Scheiben
2 Zwiebeln
1/4 l weißer Traubensaft
Außerdem:
4 Scheiben Seeteufel (ca. 1 kg)
Saft von 1 Zitrone
Salz
Selleriegewürz
Mehl
100 g Butter
Für die Senfsauce:
100 g süße Sahne oder Crème fraîche
2 EL Dijonsenf
einige Spritzer Worcestersauce
Zum Garnieren:
Schnittlauch

Zubereitung
Für das Speckkraut das Sauerkraut grob zerpflücken und den Speck in Streifen schneiden. Die Zwiebeln schälen und in Ringe schneiden. Den Speck in einer Kasserolle auslassen und die Zwiebeln darin 2 Minuten anbraten. Das Sauerkraut

und den Traubensaft zugeben, dann alles bei mittlerer Hitze zugedeckt 20 Minuten köcheln lassen.
Die Fischscheiben waschen, trockentupfen und mit dem Zitronensaft 10 Minuten marinieren. Danach mit Salz und Selleriegewürz bestreuen, dann in Mehl wenden, überschüssiges Mehl abklopfen. In einer großen Pfanne die Butter erhitzen, die Fischstücke hineinlegen und bei mittlerer Hitze beidseitig je 4-5 Minuten goldgelb braten.
Für die Senfsauce die angegebenen Zutaten in einem Topf bei mittlerer Hitze erwärmen, mit einem Schneebesen feinschaumig aufschlagen und mit der Worcestersauce abschmecken. Das Speckkraut und den Seeteufel auf vorgewärmten Tellern anrichten, dann mit der Senfsauce umgießen.Mit Schnittlauch garnieren und Salzkartoffeln dazu reichen.

Fischfilet mit Senfsauce
(für 1 Person)

Zutaten
150 g Fischfilet (z. B. Seelachs, Kabeljau oder Rotbarsch)
Zitronensaft
2 mittelgroße Kartoffeln
1 Tasse Instantbrühe
Kümmel
150 g Sauerkraut
Salz
schwarzer Pfeffer
1 kleine Zwiebel
1 TL Butter
3 TL Crème fraîche
4 TL mittelscharfer Senf
Wasser

Zubereitung
Das Fischfilet würfeln und mit Zitronensaft beträufeln. Die Kartoffeln schälen und in Scheiben schneiden, mit der Brühe und dem Kümmel zehn Minuten kochen. Das Sauerkraut fein hacken und in den letzten drei Minuten zugeben, mit Salz und frisch gemahlenem Pfeffer abschmecken. Die Zwiebel in feine Ringe schneiden und mit der Butter in einer beschichteten Pfanne andünsten. Die Fischwürfel zugeben und alles rundherum goldbraun braten. Mit Salz und frisch gemahlenem Pfeffer abschmecken und den Fisch neben dem Gemüse anrichten. Crème fraîche, mittelscharfen Senf und etwas Wasser in der Pfanne verrühren, 3 Minuten unter Rühren aufkochen, bis die Sauce sämig ist, dann über den Fisch gießen und servieren.

Exotische Fisch-Sauerkrautpfanne

Zutaten
800 g Rotbarschfilet
5 EL helle Sojasauce
3 EL trockener Sherry
1 Dose Ananaskraut (400 g)
1 Bund Frühlingszwiebeln
2 rote Paprikaschoten
2 kleine Chilischoten
4 EL Olivenöl
2 EL Butter
1 Stängel Zitronengras (Asia-Laden)
2 EL frischer, gehackter Koriander oder Kerbel
2 EL gehacktes Basilikum
Salz
schwarzer Pfeffer

Zubereitung
Das Fischfilet in 3 cm große Würfel schneiden. Die Sojasauce mit dem Sherry verrühren und die Fischwürfel darin 60 Minuten marinieren. Das Sauerkraut abtropfen lassen. Die Frühlingszwiebeln und Paprikaschoten waschen, putzen und in dünne Ringe bzw. Streifen schneiden. Die Chilischoten waschen, entkernen und hauchdünn aufschneiden. Die Frühlingszwiebeln, Paprikaschoten und Chilischoten in Öl scharf anbraten. Das Sauerkraut dazugeben und alles kurz weiterbraten. Die Fischwürfel mit Küchenkrepp trockentupfen und die Marinade aufheben. In einer weiteren Pfanne Butter erhitzen, den Fisch von allen Seiten braten und beiseite stellen. Die Marinade zum Sauerkraut geben und gut durchkochen lassen. Das Zitronengras fein schneiden und zusammen mit den Kräutern unter das Sauerkraut heben, eventuell noch mit Salz und frisch gemahlenem Pfeffer abschmecken. Die Fischwürfel auf dem Gemüse anrichten und servieren.

Köstliche ...

Kohlpudding
(für 6 Personen)

Zutaten
500 g Sauerkraut
1/8 l Wasser
1 TL gekörnte Brühe (Instant)
1 kleiner, säuerlicher Apfel
1 Beutel Gewürzmischung für Hackbraten
1/8 l Wasser
500 g Rinder-Hackfleisch
3 EL gehackte Petersilie
1 Pellkartoffel
Für die Form:
1 TL Butter
1 EL Paniermehl

Zubereitung
Das Sauerkraut in 1/8 l Wasser mit gekörnter Brühe 5 Minuten kochen lassen und abschmecken. Den Apfel schälen, vierteln, entkernen, in Stücke schneiden und unter das Sauerkraut mischen. Die Gewürzmischung in 1/8 l Wasser einrühren, das Hackfleisch und die gehackte Petersilie dazugeben. Die Pellkartoffel schälen und in Würfel schneiden. Eine Puddingform mit der Butter einfetten, mit Paniermehl ausstreuen und lagenweise Sauerkraut, Hackfleisch und Kartoffeln einfüllen, mit Sauerkraut abdecken. Jede Schicht gut andrücken. Die Form verschließen und im Wasserbad 60 Minuten kochen, dann auf eine Platte stürzen und mit einer Tomatensauce servieren.

ROSTFREI

Sauerkraut-Gratin mit Entenbrust

Zutaten
750 g Kartoffeln
Für die Form:
1 EL Butter
Für den Guss:
150 g süße Sahne
150 ml lauwarmes Wasser
1 TL Gemüsebrühe (Instant)
Salz, weißer Pfeffer
1/2 TL getrockneter Thymian
Außerdem:
2 Entenbrustfilets (à 300 g)
50 g magerer Schinkenspeck
50 g gehobelte Mandeln
500 g Frischkost-Sauerkraut
1 1/2 EL Honig

Zubereitung
Den Backofen auf 200° C vorheizen.
Die Kartoffeln schälen und in feine Scheiben hobeln, dann in eine große, ausgebutterte Auflaufform schichten. Die Sahne mit der gleichen Menge lauwarmem Wasser und der Brühe mischen. Mit Salz, frisch gemahlenem Pfeffer und Thymian abschmecken, dann über die Kartoffelmasse gießen. Im vorgeheizten Backofen ca. 35 Min. backen.
Die Entenbrustfilets abspülen und trockentupfen. Mit Salz und frisch gemahlenem Pfeffer einreiben, in einer beschichteten Pfanne von jeder Seite ca. 15 Min. braten und warm stellen. Den Schinkenspeck fein würfeln, knusprig auslassen, dann die Mandeln und den Honig zufügen, beiseite stellen.
Das Sauerkraut abtropfen lassen, auf den Kartoffeln verteilen, abschmecken und die Mandel-Honig-Mischung darauf geben. Bei gleicher Temperatur nochmals 10 Minuten überkrusten. Die Entenbrüstchen zusammen mit dem Sauerkraut-Gratin auf vorgewärmten Tellern anrichten.

Sauerkraut-Sellerieauflauf mit Schweinelendchen

Zutaten
Für den Auflauf:
500 g Kartoffeln, Salz
500 g Frischkost-Sauerkraut
1 EL Butter, 3-4 EL Weißwein, 1 mittelgroße Sellerieknolle
Saft von 1/2 Zitrone
Für die Form:
1 EL Butter
Für den Guss:
150 g Crème fraîche
1 Ei, rosa Pfeffer
Fleisch:
1 Schweinelende (ca. 500 g)
1 Knoblauchzehe
Salz, 2 EL Butter
1-2 EL Balsamico-Essig
150 g süße Sahne
Salz, schwarzer Pfeffer

Zubereitung
Den Backofen auf 180° C vorheizen.
Die Kartoffeln 8 Min. in Salzwasser halbgar kochen, schälen und in 1/2 cm dicke Scheiben schneiden. Das Sauerkraut mit einer Gabel auflockern, in Butter und Weißwein 10 Min. dünsten. Die Sellerieknolle schälen, fein raspeln und sofort mit Zitronensaft beträufeln, damit sie nicht dunkel anläuft. Eine flache, feuerfeste Form mit der Butter einfetten. Den Boden der Form mit Kartoffeln belegen. Die Sellerieraspel unter das Sauerkraut rühren und auf den Kartoffeln verteilen. Die übrigen Kartoffelscheiben dachziegelartig auf das Kraut schichten und mit Salz bestreuen. Die Crème fraîche mit Ei und frisch gemahlenem rosa Pfeffer verrühren, dann über den Auflauf gießen. Den Auflauf im vorgeheizten Backofen ca. 30 Min. backen. Die Schweinelende mit der geschälten, zerdrückten Knoblauchzehe und etwas Salz einreiben. Die Butter in einer Pfanne erhitzen, das Fleisch ringsum anbraten. Den Essig zufügen und die Lende bei milder Hitze 12-15 Min. rosa braten. Danach herausnehmen und warm stellen. Den Bratensatz mit Sahne ablöschen, salzen und pfeffern.
Die Lende aufschneiden und zusammen mit dem Sauerkraut-Sellerieauflauf auf vorgewärmten Tellern anrichten. Die Fleischscheiben mit Bratenfond beträufeln.

EXTRA

Zwiebelkraut mit Kalbsbratwurst

Zutaten

2 Zwiebeln
2 EL Schweineschmalz
1 Bund Suppengrün
1/4 l Apfelsaft
700 g Sauerkraut
1 EL Zucker
Salz
schwarzer Pfeffer
8 vorgebrühte Kalbsbratwürstchen

Zubereitung

Die Zwiebeln schälen und grob würfeln. Dann im erhitzten Schweineschmalz anbraten. Das Suppengrün putzen, waschen und klein schneiden. Den Apfelsaft, das Suppengrün sowie das zerpflückte Sauerkraut hinzufügen und 20 Minuten kochen lassen. Mit Zucker, Salz und frisch gemahlenem Pfeffer abschmecken. Die Bratwürste obenauf legen und bei geringer Hitzezufuhr zugedeckt etwa 10 Minuten dünsten.
Zum Zwiebelsauerkraut passt sehr gut Kartoffelpüree mit einem Glas Bier.

Tiroler Speckknödel mit Sauerkraut

Zutaten
4 altbackene Brötchen
1/4 l Milch
1 große Zwiebel
1 Bund Petersilie
400 g durchwachsener Speck
50 g Butter
2 Eier
1/2 TL Salz
schwarzer Pfeffer
1 EL Mehl

Zubereitung
Die Brötchen in dünne Scheiben schneiden. Die Milch erwärmen und über die Brötchenscheiben gießen, 10 Minuten ziehen lassen. Die Zwiebel schälen und würfeln. Die Petersilie waschen und klein hacken. Den Speck in Würfel schneiden, in einer Pfanne erhitzen und die Zwiebel darin anbraten. Die Zwiebel mit den Speckwürfeln zu den Brötchenscheiben geben. Die Eier, Salz, frisch gemahlenen Pfeffer, Petersilie und Mehl dazugeben, dann den Teig gut durcharbeiten. In einem großen Topf Salzwasser zum Kochen bringen. Mit feuchten Händen runde Knödel formen und vorsichtig in das kochende Wasser einlegen. Die Knödel 15-20 Minuten ziehen lassen. Sie sind gar, wenn sie im Topf nach oben steigen.
Die Speckknödel mit Sauerkraut (Rezept siehe Seite 110), Rahm-Pfifferlingen oder Feldsalat servieren.

Kalbsbäckchen auf Sauerkraut

Sauerkraut
Zutaten
50 g Schalotten, 50 g Butter
200 ml Geflügelfond
1 Lorbeerblatt
1 Thymianzweig, 2 Nelken
6 Wacholderbeeren
Salz, Zucker
10 Pfefferkörner
500 g Frischkost-Sauerkraut
1/4 l Apfelsaft

Zubereitung
Die Schalotten klein würfeln und in der Butter anschwitzen. Den Geflügelfond zugießen, die Gewürze zugeben aufkochen und 10 Min. ziehen lassen. Das Sauerkraut im heißen Gewürzsud 20 Min. dünsten. Mit Salz, Zucker und Apfelsaft abschmecken.

Kalbsbäckchen
Zutaten
150 g Schalotten
Kräuterbouquet aus:
1 Thymianzweig
1 frischen Lorbeerzweig
1 Bund Petersilie
Außerdem:
1 kg geputzte Kalbsbacken
375 ml Weißwein
4 cl Cognac
4 Gewürznelken
10 Pfefferkörner
200 ml Olivenöl
300 g junge Möhren
1 Staudensellerie
150 g Champignons
150 g Speck, 3 Bund Frühlingszwiebeln
1 EL Tomatenmark
schwarzer Pfeffer
Muskatnuss
300 ml brauner Kalbsfond
Salz
Für den Teig:
500 g Mehl
Wasser

Zubereitung
Die Schalotten schälen, würfeln und das Kräuterbouquet zusammenbinden. Das Fleisch mit Weißwein, Cognac, Gewürznelken, Pfefferkörnern und 2 EL Olivenöl in eine Schüssel geben. Das Kräuterbouquet und die Schalotten dazugeben und 4 Stunden kühl stellen. Die Möhren, Staudensellerie, Champignons und 2 Bund Frühlingszwiebeln waschen, putzen und klein schneiden. Den Speck in Würfel schneiden, auslassen und beiseite stellen. Die Kalbsbacken aus der Marinade nehmen und mit dem restlichen Olivenöl goldbraun anbraten. Das Gemüse und das Tomatenmark zugeben und kurz anbraten. Mit Salz, frisch gemahlenem Pfeffer und Muskatnuss abschmecken. Die Marinade und den Kalbsfond durchkochen und mit dem Fleisch in einen

Steinguttopf füllen. Die restlichen Frühlingszwiebeln waschen, putzen und den Topf damit garnieren, ebenso den Speck zufügen. Nochmals mit Salz und frisch gemahlenem Pfeffer abschmecken. In einer Schüssel das Mehl mit Wasser zu einem dicken Teig verrühren und eine Rolle formen. Den Topfrand damit belegen und das Ganze für ca. 1 1/2 Stunden in den auf 180° C vorgeheizten Backofen schieben. Den Teigrand, das Kräuterbouquet und die Gewürznelken entfernen. Die Kalbsbäckchen zusammen mit dem Sauerkraut und Kartoffelpüree servieren.

Sauerkraut mit karamellisierten Spare Ribs

Zutaten
1,2 kg Spare Ribs
1 Zwiebel
1 Bund Suppengrün
1 Lorbeerblatt
1 Zweig Thymian
Salz
schwarzer Pfeffer
Für die Marinade:
4 Knoblauchzehen
1 1/2 TL Salz
1/2 TL Pfeffer
1 1/2 TL 5-Gewürzmischung (Five-Spice, im Asia-Laden)
1 EL Honig
5 EL Sojasauce
6 EL Pflaumensauce
2 EL Ketschup
50 g frischer, fein gehackter Ingwer
Tabascosauce
Für das Sauerkraut:
750 g gegartes Sauerkraut
50 g fein gehackter Ingwer
4 EL Sojasauce
4 EL Olivenöl
1 rote Zwiebel
Zum Garnieren:
evtl. Borretschblüten

Zubereitung
Den Backofen auf 180° C vorheizen.
Die Spare Ribs, die Zwiebel, Suppengrün, Lorbeerblatt, Thymian, Salz und frisch gemahlenen Pfeffer in einen mit Wasser gefüllten Topf geben und auf kleiner Flamme mit Deckel etwa 2 Stunden ziehen und danach kalt werden lassen. Den Knoblauch zerdrücken und alle Zutaten für die Marinade in eine große Salatschüssel geben und gut vermischen. Die Marinade mit einem Pinsel auf den Spare Ribs verteilen und das Fleisch in den vorgeheizten Backofen geben.
Garzeit 20 Minuten.
Das Sauerkraut mit Ingwer und Sojasauce in einen mit dem Öl erhitzten Wok geben, dann unter ständigem Rühren erhitzen. Die Zwiebel schälen und in Ringe schneiden.
Das Sauerkraut auf angewärmte Teller geben und die Spare Ribs darauf verteilen. Mit roten Zwiebelringen und Borretschblüten garnieren und mit frischem Baguette servieren.

Wachtelbrüstchen mit Rahmsauerkraut und Traubensauce

Wachtelbrüstchen
Zutaten
8 frische Wachtelbrüstchen
Salz, schwarzer Pfeffer
Zum Braten:
Olivenöl
20 Wacholderbeeren
1 Rosmarinzweig
200 ml Geflügelfond
Salz, schwarzer Pfeffer

Zubereitung
Die ausgelösten Wachtelbrüstchen mit Salz und frisch gemahlenem Pfeffer würzen, dann in Olivenöl mit den Wacholderbeeren und Rosmarin anbraten. Herausnehmen und bei ca. 80° C auf einer feuerfesten Platte im Ofen gar ziehen lassen. Die Wachtelknochen klein hacken, in einer Pfanne anbraten, mit dem Geflügelfond auffüllen und alles um die Hälfte einkochen lassen. Den reduzierten Fond durchpassieren, entfetten, mit Salz und frisch gemahlenem Pfeffer abschmecken, dann beiseite stellen.

Traubensauce
Zutaten
1 EL Zucker
1 EL Sherry-Essig
150 ml süßer Weißwein
30 g Sultaninen, 150 g kleine, kernlose türkische Trauben

Zubereitung
Den Zucker in einer Pfanne karamellisieren, mit dem Sherry-Essig ablöschen und mit Süßwein auffüllen. Die Sultaninen dazugeben und den Wein auf 1/3 einkochen, den Wachtelfond hinzugeben, nochmals einkochen, bis eine aromatische Sauce entstanden ist. Die frischen Weintrauben ohne Haut zum Schluss dazugeben und einmal aufkochen lassen.

Rahmsauerkraut
Zutaten
40 g Zwiebelringe
1 EL Butter
300 g Frischkost-Sauerkraut
1/4 l kochendes Wasser
80 g Crème fraîche
Salz, schwarzer Pfeffer
1 Prise Zucker
Gewürzsäckchen aus:
1 Lorbeerblatt, 1 Nelke
10 Wacholderbeeren
1 Msp. gemahlener Kümmel
1 Apfel (z. B. Cox-Orange)
1 kleine Kartoffel

Zubereitung
Die Zwiebelringe in der Butter andünsten. Das Sauerkraut zu den Zwiebeln geben, mit kochendem Wasser übergießen und die Hälfte der Crème fraîche dazugeben. Mit Salz, frisch gemahlenem Pfeffer und Zucker abschmecken, dann das Gewürzsäckchen zugeben. Den Apfel schälen, reiben und zum Kraut geben, zugedeckt garen. Zum Schluss wird das noch kochende Kraut mit der fein geriebenen Kartoffel gebunden. Das Gewürzsäckchen entfernen und die restliche Crème fraîche unterziehen. Auf vorgewärmten Tellern die Traubensauce um das Kraut herum so anrichten, dass sich beide leicht vermischen. Beilage: Kartoffelrösti

Knusprige Ente an Feigen-Pommerie-Sauce mit Gewürzsauerkraut

Zutaten
Für die Füllung:
200 g getrocknete Feigen
1/4 l Rotwein, 4 EL roter Portwein, 2 Äpfel
Außerdem:
1 Mastente (ca. 2,5 kg)
Salz, schwarzer Pfeffer

Zubereitung
Den Backofen auf 190-200° C vorheizen. Die Feigen etwa 1 Stunde in Rotwein und Portwein einweichen. Die Äpfel schälen, entkernen und würfeln. Die Ente gut waschen und trockentupfen, den Hals mit einer Küchenschere abschneiden und zerkleinern. Die Feigen aus dem Wein nehmen und mit Apfelwürfeln vermengen. Die Ente mit Salz und frisch gemahlenem Pfeffer würzen, mit dem Obst füllen und mit Küchengarn verschließen. Die Ente mit der Brust nach oben in einen Bräter legen und die Halsstücke darum verteilen. In den vorgeheizten Ofen schieben und etwa 1 1/4-1 1/2 Stunden braten. Die Haut während des Bratens häufig mit dem Bratenfond begießen. Dabei auch das Fett abschöpfen. Nach und nach den Rotwein von den Feigen und etwas Wasser dazugießen, um die Röststoffe zu lösen. Den Bratenfond durch ein Sieb in einen kleinen Topf gießen, die Röststoffe im Bräter mit wenig Wasser lösen und ebenfalls dazugießen.

Feigen-Pommerie-Sauce
Zutaten
2 EL roter Portwein
1 EL Feigensauce
1/2 TL Pommeriesenf

Zubereitung
Den Bratenfond mit dem Portwein, Pommeriesenf und der Feigensauce abschmecken. Die Sauce kurz aufkochen und gegebenenfalls binden.

Gewürzsauerkraut
Zutaten
50 g Butter, 50 g Schalotten
200 ml Kalbsfond, 1 Lorbeerblatt, 1 Thymianzweig
2 Nelken, 6 Wacholderbeeren
10 Pfefferkörner, Salz, Zucker
500 g Frischkost-Sauerkraut
1/4 l Apfelsaft

Zubereitung
Die Schalotten schälen, würfeln, mit den Gewürzen vermischen und in Butter anschwitzen. Den Kalbsfond angießen, aufkochen und 10 Min. ziehen lassen. Das Sauerkraut im heißen Gewürzsud 20 Min. dünsten, mit Salz, Zucker und Apfelsaft abschmecken.

Glasierte Feigen
Zutaten
6 frische Feigen
1 EL Butter, 1 EL Zucker

Zubereitung
Die Feigen achteln, dann mit Butter und etwas Zucker kurz in einer Pfanne anschwenken.

Anrichten
Die tranchierte Ente und das Sauerkraut auf Tellern anrichten, etwas Sauce an das Fleisch geben und als Dekoration die glasierten Feigen dazulegen.
Beilage: Kartoffelklöße

Köstliche ...

Wan Tans mit Sauerkrautfüllung

Zutaten
1 Dose Sauerkraut (300 g)
100 ml Asiafond aus dem Glas
1 Knoblauchzehe
2 EL Speiseöl
100 g Bratwurstbrät oder Mett
1 EL frischer, gehackter Koriander oder Kerbel
Salz
schwarzer Pfeffer
Ingwerpulver
1 EL Sojasauce
1 Packung TK-Wan Tan-Blätter (Asia-Laden)
Zum Ausbacken:
Speiseöl

Zubereitung
Das Sauerkraut klein schneiden und im Asiafond 15-20 Minuten dünsten. Die Knoblauchzehe schälen und zerdrücken. Das Öl erhitzen, den Knoblauch und das Bratwurstbrät darin krümelig braten. Den Koriander zufügen und mit Salz, frisch gemahlenem Pfeffer, Ingwer und Sojasauce abschmecken. Das Sauerkraut abtropfen lassen, mit dem Bratwurstbrät mischen und alles abkühlen lassen. 20 Wan Tan-Blätter ausbreiten und auftauen lassen. Jeweils etwas von der Füllung in die Mitte geben, als Säckchen zusammenfalten und fest zudrücken oder mit Küchengarn zubinden. In 180° C heißem Öl 4-5 Minuten knusprig ausbacken. Heiß als Vorspeise servieren.

Fitness-Salat

Zutaten
400 g Frischkost-Sauerkraut
100 g Brokkoli
1 Möhre
1 Frühlingszwiebel
1 säuerlicher Apfel mit roter Schale
1 rote Zwiebel
Für die Marinade:
1 EL Obstessig
Salz
schwarzer Pfeffer
1 TL Honig
4 EL Sonnenblumenöl
Außerdem:
50 g Feldsalat
Zum Garnieren:
50 g Sesamsamen
1 Bund Schnittlauch

Zubereitung
Das Sauerkraut zerpflücken. Den Brokkoli waschen und in kleine Röschen zerteilen. Die Möhre schälen und in dünne Streifen schneiden. Die Frühlingszwiebel putzen, waschen und in feine Ringe schneiden. Den Apfel waschen, vierteln, entkernen und in dünne Spalten schneiden. Die Zwiebel schälen und sehr fein hacken. Für die Marinade Obstessig, Salz und frisch gemahlenen Pfeffer mit der Zwiebel und dem Honig verrühren, zuletzt das Öl hinzufügen. Einige Brokkoliröschen und Möhrenstreifen zum Dekorieren zurückbehalten. Das übrige Gemüse und das Sauerkraut mit der Marinade vermischen. Den Feldsalat verlesen, waschen, abtropfen lassen und seitlich am Tellerrand dekorieren, die Sauerkrautmischung darauf anrichten und mit den Apfelspalten garnieren. Den Sesam in einer Pfanne bei mittlerer Hitze ohne Fettzugabe rösten.
Den Salat und das Gemüse damit bestreuen und den in Röllchen geschnittenen Schnittlauch darüber streuen.

Sauerkrautsalat auf Lachsstreifen

Zutaten
400 g Räucherlachs
1 Apfel (z. B. Cox Orange)
1 Spritzer Zitronensaft
12 Walnusskerne
300 g Frischkost-Sauerkraut
1 EL Keim- oder Distelöl
Salz
weißer Pfeffer
1/2 Bund Brunnenkresse
4 Kapuzinerkresse-Blüten
1 mittelgroße Kartoffel
1 EL Walnussöl

Zubereitung
Den Räucherlachs in lange Streifen schneiden und die Teller damit gitterförmig auslegen. Den Apfel schälen, vierteln, entkernen und würfeln. Die Apfelwürfel mit Zitronensaft säuern, damit sie nicht braun werden. Die Walnusskerne in kochendem Wasser blanchieren und die Haut abziehen, dann klein hacken und alles zusammen mit dem gut abgetropften Kraut mit Öl, Salz und frisch gemahlenem Pfeffer anmachen. Den Salat zu kleinen Kuppeln formen und auf die Teller stürzen. Zum Garnieren harmonieren geschmacklich und optisch besonders gut Brunnenkresse und Kapuzinerkresse-Blüten. Für die Kartoffelgitter rohe Kartoffelstreifen in einer Teflon-Pfanne gitterförmig übereinander legen, mit etwas Walnussöl beträufeln, dann ein rund ausgeschnittenes Backpapierblatt darauf legen und unter leichtem Druck bei schwacher Hitze goldbraun ausbraten.

Die Kartoffelgitter zusätzlich als Dekor arrangieren (siehe Foto).

Matjesfilets auf Sauerkrautsalat

Zutaten
2 Frühlingszwiebeln
1 kleine rote Paprikaschote
1 säuerlicher Apfel
1/2 kleine, frische Ananas
500 g Frischkost-Sauerkraut
Für die Marinade:
75 g Jogurt
150 g saure Sahne
etwas abgeriebene Zitronenschale
Curry, Salz
weißer Pfeffer
Außerdem:
4-6 frische Matjesfilets (à 75 g)

Zubereitung
Die Frühlingszwiebeln waschen, putzen und schäg in längliche Ringe schneiden. Die Paprikaschote waschen, entkernen und fein würfeln. Den Apfel schälen, vierteln, entkernen und in Spalten schneiden. Die Ananas schälen, erst in Ringe, dann in kleine Stücke schneiden. Für die Marinade den Jogurt mit der sauren Sahne und der Zitronenschale verrühren, dann mit Curry, Salz und frisch gemahlenem Pfeffer abschmecken. Die vorbereiteten Salatzutaten auf Tellern anrichten, die Matjesfilets darauf legen und den Salat mit etwas Curry bestäuben. Mit der Marinade übergießen und mit herzhaftem Vollkornbrot servieren.

Sauerkrautsalat Mandarin

Zutaten
500 g Frischkost-Sauerkraut
1 säuerlicher Apfel (z. B. Boskoop)
1 kleine Dose Mandarinen
150 g süße Sahne
1 Prise gemahlener Kümmel
Zum Garnieren:
10 Walnusshälften

Zubereitung
Das Sauerkraut auseinander pflücken. Den Apfel waschen, vierteln, entkernen und in dünne Spalten schneiden. Die Mandarinen aus der Dose nehmen und abtropfen lassen. Einige Apfelspalten und Mandarinenschnitze zum Garnieren auf die Seite legen, den Rest etwas zerkleinern. Alle Zutaten zusammen mit der Sahne und dem gemahlenen Kümmel unter das Sauerkraut heben.

Vor dem Servieren den Salat mit den Apfelspalten und Mandarinenschnitzen sowie den Walnusshälften dekorieren.

Apfel-Sauerkraut-Salat

Zutaten
350 g Frischkost-Sauerkraut
2 große, würzig-aromatische Äpfel
200 g gekochter Schinken
Für die Marinade:
200 g Crème fraîche
1 EL gehackte Petersilie
2 EL fein gehackte Haselnusskerne
Salz
1 Prise Zucker
weißer Pfeffer

Zubereitung
Das abgetropfte Sauerkraut grob zerschneiden und in eine Schüssel geben. Die Äpfel waschen, abtrocknen, vierteln, entkernen und in Stifte schneiden, dann sofort unter das Sauerkraut mischen. Den gekochten Schinken in Streifen schneiden und unterheben.

Die Crème fraîche mit der Petersilie und den gehackten Haselnüssen verrühren, mit Salz, Zucker und frisch gemahlenem Pfeffer abschmecken, dann unter die Salatzutaten mischen. Den Salat 30 Minuten durchziehen lassen und mit Bauernbrot servieren.

Krautschiffchen

Zutaten
Für den Salat:
1 Zwiebel
1 Möhre
1 grüne Paprikaschote
1 säuerlicher Apfel
2 Tomaten
200 g Sauerkraut
Für die Marinade:
1/8 l Buttermilch
2-3 EL Tomatenketschup
3 EL Schnittlauchröllchen
3 EL gehackter Kerbel
Salz, Pfeffer, Zucker
Außerdem:
2 Gärtnergurken
einige Salatblätter

Zubereitung
Die Zwiebel, die Möhre, die Paprikaschote, den Apfel und die gehäuteten Tomaten in kleine Würfel schneiden, dann zu dem zerpflückten Sauerkraut geben. Aus Buttermilch, Tomatenketschup, Gewürzen und frischen, gehackten Kräutern eine Marinade bereiten und unter den Salat heben, ca. 1 Stunde ziehen lassen. Die Gurken schälen und halbieren und die Kerne mit einem Löffel entfernen. Die Gurkenhälften auf die Salatblätter setzen und den Sauerkrautsalat in die Schiffchen füllen. Die Schiffchen mit frischem Brot servieren.

Sauerkrautsorbet mit Ananaswürfeln

Sauerkrautsorbet
Zutaten
3 Äpfel (z. B. Granny Smith)
150 g Sauerkraut
150 g Zucker
50 ml Weißwein
Sauerkrautsaft
Calvados

Zubereitung
Die Äpfel schälen, vierteln, entkernen und klein schneiden. Mit allen Zutaten weich kochen, pürieren und durch ein feines Sieb streichen, dann kühl stellen. Mit Sauerkrautsaft und Calvados abschmecken und in der Sorbetiere einfrieren.

Ananaswürfel
Zutaten
1 EL Vanille-Puddingpulver
80 g Zucker
400 g Ananasfruchtfleisch
Ananassaft
2 cl weißer Rum
1 Msp. Kardamom

Zum Garnieren:
4 Minzespitzen
4 Mandelkörbe oder Florentiner
3 EL rotes Fruchtmark

Zubereitung
Das Puddingpulver mit dem Zucker und etwas Wasser glatt rühren. Die Hälfte der Ananasfruchtstücke klein schneiden, zusammen mit etwas angerührten Puddingpulver, Rum, Kardamom und dem Ananassaft pürieren. Alles durch ein Sieb in eine Kasserolle füllen und unter Rühren erhitzen, bis eine sämige Sauce entstanden ist. Das restliche Fruchtfleisch in Würfel schneiden und beiseite stellen.

Anrichten
Zum Anrichten 4 Teller mit der Ananassauce ausgießen, das Sorbet im Mandelkorb oder auf einem Florentiner in die Mitte der Teller platzieren. Die Ananaswürfel um das Sorbet legen und mit Minzespitzen und Fruchtmark dekorieren (siehe Foto).

Karamellisiertes Sauerkraut mit Sonnenblumenkerneis

Zutaten
120 g Zucker, 100 ml Wasser
250 g Frischkost-Sauerkraut (Reformhaus)
50 g kalte Butter
150 g Zucker
150 g Sonnenblumenkerne
1/2 l Milch, 8 Eigelbe
120 g Zucker

Zubereitung
Den Backofen auf 190° C vorheizen. Den Zucker in einer Pfanne zu goldgelbem Karamell erhitzen und mit Wasser ablöschen. Etwas einkochen lassen und das gedünstete Sauerkraut dazugeben. Fünf Minuten ziehen lassen. Das Sauerkraut in ein Sieb geben und den Karamellfond separat in einer Kasserolle sammeln. Kurz aufkochen und die kalte Butter zum Binden unterrühren. Den Zucker für das Sonnenblumenkerneis unter Rühren zu Karamell erhitzen und die Sonnenblumenkerne dazugeben. Auf Backpapier geben, erkalten lassen und hacken. Für das Eis die Milch aufkochen. Die Eigelbe mit Zucker im Wasserbad schaumig schlagen und anschließend mit der Milch und den gehackten Sonnenblumenkernen verrühren. In eine Sorbet- oder Eismaschine füllen und gefrieren.

Marzipan-Körbchen
Zutaten
180 g Zucker
50 g Marzipan-Rohmasse
1 Msp. Zimt
1 Msp. Salz
3 Eier, 150 g Mehl
5 cl süße Sahne

Zubereitung
Den Backofen auf 190° C vorheizen. Den Zucker mit Marzipan, Zimt, Salz und einem Ei glatt verrühren. Die restlichen Eier und die Sahne mit einem Rührgerät dazurühren. Das Mehl mit einem Kochlöffel unterheben. Den Teig auf einem gefetteten und mit Mehl bestäubten Backblech in vier Kreisen dünn ausstreichen. Im Backofen 4-5 Minuten backen, aus dem Ofen nehmen und abkühlen lassen. Wieder in den Ofen geben und fertig backen, bis der Teig goldgelb ist.
Den heißen Teig vom Backblech lösen, sofort über eine Tasse legen und mit einem Schnapsglas in die Tasse drücken, dann erkalten lassen. Marzipan-Körbchen mit Sonnenblumenkerneis füllen und das warme Karamellsauerkraut dazulegen. Die Teller mit Puderzucker bestäuben oder mit Kuvertüre im Spritzbeutel zarte Muster auf den Tellerrand platzieren und mit Minzeblättchen und frischen Beeren nach Wunsch garnieren.

Sauerkraut-Variationen

Selbst gemachtes Sauerkraut

Zutaten
2 kg Weißkohl
25-30 g Salz
1 TL Zucker
Gewürze:
Estragon, Wacholderbeeren, Kümmel
Nach Belieben:
Äpfel (z. B. Boskoop)
helle Weintrauben
Kirschblätter
Dillstängel
Zum Aufgießen:
Weißwein

Zubereitung
Den Weißkohl putzen, die äußeren Deckblätter entfernen und den Strunk herausschneiden, dann halbieren und in feine Streifen schneiden oder hobeln, nicht waschen.
Den Kohl in eine Schüssel geben, mit Salz und Zucker vermischen, kräftig stampfen, bis der Zellsaft austritt.
Den so gestampften Weißkohl mit den Gewürzen, den geschälten, in Stücke geschnittenen Apfeln und den Weintrauben vermischen.
Das Gärgefäß mit den gewaschenen Kirschblättern und den Dillstängeln auslegen und den Weißkohl einfüllen und fest andrücken.
Das Gärgefäß mit einem Tuch abdecken, mit einem Holzdeckel und mit einem Stein beschweren. Der Zellsaft muss etwa 4 cm über dem Weißkohl stehen
Die Gärzeit beträgt je nach Temperatur des Aufbewahrungsortes 2-4 Wochen.
Während der Gärzeit muss der überschüssige Zellsaft regelmäßig abgeschöpft werden, dann den Weißwein zugießen und mit einem neuen Tuch abdecken.
Nach Ende der Gärzeit das Sauerkraut kühl aufbewahren oder in Gläser füllen und konservieren.

Ananaskraut

Zutaten
2 Zwiebeln
2 EL Butter
150 g frische Ananas
500 g Sauerkraut
1/2 l trockener Weißwein
je 100 g weiße und blaue Weintrauben

Zubereitung
Die Zwiebeln schälen, würfeln und in der heißen Butter glasig dünsten. Die Ananas in Scheiben schneiden, schälen und würfeln. Zusammen mit dem Sauerkraut und dem Wein in einen Topf geben und zugedeckt 30 Minuten dünsten. Die Weintrauben kurz überbrühen und schälen. Vor dem Servieren mit den Weintrauben garnieren.
Dieses Kraut passt zu Fasan, Wild und Geflügel.

Apfelsauerkraut

Zutaten
500 g Sauerkraut
50 g Schweineschmalz
1/4 l Fleischbrühe
3 EL Weinessig
1 Zwiebel
3 Nelken
1/2 Zimtstange
3 säuerliche Äpfel (z. B. Boskoop)
Salz

weißer Pfeffer
1 EL Zucker
1/8 l trockener Weißwein

Zubereitung
Das Sauerkraut abtropfen lassen und auflockern. Das Schmalz in einem Topf erhitzen und das Sauerkraut darin andünsten, dann mit der Brühe und dem Essig aufgießen. Die Zwiebel schälen und mit den Nelken spicken. Die Zwiebel und die Zimtstange mit den geschälten, in Viertel geschnittenen Äpfeln zum Kraut geben und mit Salz, frisch gemahlenem Pfeffer und Zucker abschmecken. Das Sauerkraut 30 Minuten mit geschlossenem Deckel leicht kochen lassen. Den Weißwein zugeben, die Gewürze entfernen, das Sauerkraut aufkochen und eventuell nochmals abschmecken.

Sauerkraut-Variationen

Apfel-Weinkraut

Zutaten
4 Zwiebeln
100 g durchwachsener Speck
1 großer süßer Apfel
500 g Sauerkraut
4-6 Wacholderbeeren
6 Pfefferkörner
2 Lorbeerblätter
1/2 l trockener Weißwein
Zum Garnieren:
weiße und blaue Weintrauben

Zubereitung
Die Zwiebeln schälen und würfeln. Den Speck in Würfel schneiden, auslassen und die Zwiebeln darin glasig dünsten. Den Apfel schälen, vierteln, das Kerngehäuse ausschneiden und raspeln. Die Apfelraspel zusammen mit dem Sauerkraut, den Gewürzen und dem Wein hinzufügen. Zugedeckt 30 Minuten dünsten.
Vor dem Servieren mit den gewaschenen Weintrauben garnieren.

Bierkraut

Zutaten
750 g frisches Sauerkraut
1 Zwiebel
1 EL Schweineschmalz
1/4 l Bier
2 Lorbeerblätter
4-5 Wacholderbeeren
Salz
schwarzer Pfeffer

Zubereitung
Das Sauerkraut mit einer Gabel zerpflücken. Die Zwiebel schälen, würfeln und im erhitzten Schweineschmalz andünsten. Das Sauerkraut, Bier und Gewürze hinzufügen und bei geringer Hitzezufuhr zugedeckt etwa 30-40 Minuten weich dünsten.

Champagnerkraut

Zutaten
2 Zwiebeln
2 EL Butter
1 großer süßer Apfel
500 g Sauerkraut
4 Wacholderbeeren
6 weiße Pfefferkörner
1 Lorbeerblatt
1/2 l trockener Champagner oder Sekt
100 g weiße Weintrauben

Zubereitung
Die Zwiebeln schälen, würfeln und in der heißen Butter dünsten. Den Apfel schälen, vierteln, Kerngehäuse ausstechen und raspeln. Dann zusammen mit dem Sauerkraut, den Gewürzen und dem Champagner hinzufügen. Zugedeckt 30 Minuten dünsten. Die Gewürze herausfischen. Die Weintrauben mit kochendem Wasser übergießen und schälen. Vor dem Servieren das Kraut mit den Weintrauben garnieren.
Dieses Kraut passt sehr gut zu Fleisch-, Wild- und Geflügelgerichten.

Deftiges Sauerkraut

Zutaten
50 g Schweineschmalz
1 Zwiebel
750 g Sauerkraut
6 Wacholderbeeren
1 Lorbeerblatt
6 Pfefferkörner

1 EL Kümmel
1 Bund Suppengrün
250 g geräucherter Bauchspeck
1/4 l Fleischbrühe, 1 TL Zucker

Zubereitung
Das Schmalz in einem Topf erhitzen und die geschälte, gewürfelte Zwiebel darin kurz andünsten. Das Kraut und die Gewürze hinzufügen. Das Suppengrün putzen, waschen, grob zerkleinern und ebenfalls zum Kraut geben. Den geräucherten Bauchspeck obenauf legen, die Fleischbrühe dazugießen und das Kraut 1 Stunde leicht kochen lassen. Im Schnellkochtopf 12 Minuten. Das Kraut mit dem Zucker abschmecken und zum Schluss die Gewürze herausfischen.

Tipp:
Falls man keinen Bauchspeck mitkochen möchte, kann man das Kraut zum Schluss noch mit ausgelassenen Speckwürfeln verfeinern. Wenn man das Kraut ohne Speck zubereitet, schmecken Speckknödel besonders köstlich dazu.

Pikantes Sauerkraut

Zutaten
1 kg rohes Sauerkraut
4 EL Schweineschmalz
2 Knoblauchzehen
1/2 Lorbeerblatt
4 Pfefferkörner
400 g Schweineschulter
4 Rauchwürstchen
1/2 l trockener Weißwein

Zubereitung
Das Sauerkraut in heißem Schweineschmalz andünsten. Die geschälten und zerdrückten Knoblauchzehen, das Lorbeerblatt und die Pfefferkörner hinzufügen. Die Schweineschulter kurz waschen, trockentupfen, in Scheiben schneiden und zusammen mit den Rauchwürstchen auf das Kraut legen. Mit dem Weißwein aufgießen und zugedeckt etwa 1 1/2 Stunden gar dünsten. Mit Schupfnudeln oder Petersilienkartoffeln servieren.

Szegedinerkraut

Zutaten
50 g Schweineschmalz
1 Zwiebel
1 Knoblauchzehe
750 g Sauerkraut
1/2 EL edelsüßes Paprikapulver
1 Msp. gemahlener Kümmel
1 EL Mehl
250 g saure Sahne

Zubereitung
Das Schmalz in einer Pfanne erhitzen und die geschälte, gewürfelte Zwiebel sowie die gewürfelte Knoblauchzehe darin kurz andünsten. Das Kraut in einen Topf geben, die Zwiebel- und Knoblauchwürfel hinzufügen und mit Paprikapulver und Kümmel abschmecken. Das Kraut 1 Stunde leicht kochen lassen. 10 Minuten vor Ende der Garzeit das Mehl mit der sauren Sahne anrühren und unter das Kraut mischen.

Register A-Z

Register der Kapitel

Genehmigte Lizenzausgabe
EDITION XXL GmbH
Reichelsheim, 2000

Text: Helga Lederer, München

Satz: Mathias Weil, Worms

Fotos und Grafiken:
Gerhard Poggenpohl, Sigmarszell
Michel Pöll, Wien
CMA – wpr communication Elisabeth Rechenburg, Königswinter
CMA – Adam, Bonn
Gesellschaft für Europäische Kommunikation GmbH – Aquavit - Hamburg
Heiko Hegner PR GmbH - Eden Sauerkraut, Bad Soden/Ts.
Karl Kühne KG, Hamburg
MPR Dr. Muth Public Relations - Aquavit, Hamburg
Nestle Deutschland GmbH AG - Maggi, Frankfurt
VdS Verband der deutschen Sauerkonserven-Industrie e.V., Bonn
Herbert Wirths PublicRelations - Rotkäppchen Frischer Landrahm, Fischbach

ISBN 3-89736-203-1